VIVIENDO EN EL PRESENTE

Ensayos sobre la Práctica Budista de la Atención Plena

GIL FRONSDAL

TRADUCCIÓN ANDREW WALLACE

2

CONTENIDO

El Asunto Al Alcance De Tu Mano

RECONOCIMIENTOS DEL AUTOR

Quiero expresar mi profundo agradecimiento a todas las personas que aportaron a este libro. Las primeras semillas germinaron como resultado del apoyo brindado a nuestros grupos de meditación por Elizabeth Adler y Bernice Lamar. Fueron las primeras en grabar, transcribir y editar mis pláticas, asentando así las bases para este proyecto. Allicin Rauzin también brindó apoyo incalculable. Sus esfuerzos tan consagrados han sido indispensables. Sus años de empeño en la grabación hicieron posible que las pláticas estuviesen disponibles para ser transcritas en la actualidad. También agradezco los años de grabación hechas por Louis Mandelowitz. Aprecio su ayuda tan constante y tan confiable y la manera en que sus esfuerzos silenciosos han servido de columna vertebral para nuestras reuniones ordinarias. Extiendo a la vez un reconocimiento a Jennifer Lemas y Glen Ingram por las magníficas grabaciones de las charlas.

A través de los años muchas personas han transcrito mis conferencias. Por ello extiendo las gracias a Terry Craven, Judy Windt, Cheryl Gasner, Andrea Fella, Nancy Van House, Rainbow, Ann Mallard, Melissa Saphir, y Marge Martus.

La idea original de publicar este libro provino de Cheryl Hylton, y es un ejemplo de las tantas que ella ha ofrecido para apoyar nuestra comunidad de meditación.

El tributo más grande lo merecen Nancy Van House y Andrea Fella por las horas incontables que dedicaron editando mis charlas y escritos. Sin sus esfuerzos este libro nunca hubiese sido publicado. Ha sido un verdadero privilegio trabajar con ellas y les rindo reverencia a ambas. Barbara Gates ayudó a corregir algunos de los ensayos originales publicados en las revistas Budistas *Inquiring Mind* y *Tri-*

cycle. Muchas gracias por su generosidad, atención y competencia. Andrea Fella fue la editora general de este libro. Su espíritu detallista y su atención minuciosa se hacen notar en cada página.

Los primeros borradores de este libro fueron reseñados por Thanissaro Bhikkhu, Tamara Kan, David Milne, Denise Kaplan, y Stephen Browning. ¡Muchísimas gracias!

Un reconocimiento especial lo merece Elena Silverman, quien dedicó su experiencia y amor a la elaboración del formato y el diseño. También agradezco a Stephen Browning por su trabajo artístico y el diseño de la portada.

Últimos en orden, más no en importancia, están todos aquellos que han practicado la meditación conmigo en Palo Alto y Redwood City por los últimos diecinueve años. Les extiendo profunda gratitud. Quizás por mi condición de maestro algunas personas de la comunidad no comprenden que yo también estoy ejercitando mi práctica espiritual en su medio. Considero que nuestro centro de meditación es ante todo el sitio donde se desenvuelve mi vida espiritual y secundariamente el lugar donde comparto las ideas de nuestra tradición. Mi gratitud por el privilegio de ser parte de este grupo de practicantes es infinita. También estoy muy consciente de que mis enseñanzas surgen del intercambio con los que lo escuchan. La sabiduría o palabras benéficas que se encuentran en este libro no son mías, más bien surgen del esfuerzo colectivo por internalizar el Dharma. Sin embargo, sí me acredito todo lo que no es edificante en estas páginas. Como dijo alguien en alguna ocasión: "Toda la sabiduría es plagio, solamente la tontería es original."

Gil Fronsdal, 2009

PRÓLOGO DEL TRADUCTOR

Estimado lector:

Este libro es la traducción de la obra *The Issue at Hand* escrita por Gil Fronsdal maestro titular del centro Budista *Insight Meditation Center* en Redwood City, California. La traducción tiene como fin exponer las enseñanzas básicas del Buda enfocando sobre una forma de estar atentos a la realidad que se denomina la "atención plena." Esta poderosa práctica, basada en la disciplina de la meditación, ha ayudado a generar la calma mental en millones de personas desde hace 2500 años. Pero no es de aplicación exclusiva a épocas antiguas o al mundo de los monjes asiáticos. Al contrario, en el occidente contemporáneo la atención plena está experimentando extraordinario auge en centros de meditación, escuelas, hospitales, agencias de salud mental, cárceles y en templos de religiones diversas. Miles de adeptos han descubierto por experiencia propia que la meditación fomenta el enfoque mental, el buen juicio, la felicidad y una vida más compasiva. Se empiezan a vislumbrar resultados muy positivos cuando se implementa la meditación a nivel institucional y profesional.

- En centenares de centros hospitalarios pacientes que padecen de enfermedades críticas como el cáncer, problemas del corazón, presión alta, artritis y muchas otras logran apaciguar su ansiedad y su temor y a la vez experimentan una reducción del dolor físico al practicar la meditación.

- En instituciones de reclusión penal se ha documentado que los presos que participan en clases de meditación se muestran más pacíficos y por lo tanto fomentan un ambiente propicio para la rehabilitación.

- En escuelas primarias de diversas ciudades los maestros observan que los niños que aprenden a meditar logran controlar sus reacciones impulsivas ante los insultos o la agresión de otros niños.

- En agencias de salud mental los psicólogos descubren que si utilizan la meditación como parte del tratamiento que reciben los clientes que sufren de la ansiedad y de la depresión disminuyen los síntomas de su enfermedad.

Es tanto el interés en la "atención plena" que neurocientíficos de diversas universidades han emprendido estudios rigurosos para tratar de comprender de qué manera la meditación genera estados de serenidad. Lo que han descubierto es sorprendente. Las personas que se dedican a estas prácticas experimentan cambios visibles en las partes del cerebro que generan el razonamiento, la memoria, el control, y el sentimiento de bienestar. Al parecer la ciencia moderna está comprobando lo que muchos meditadores han sabido por siglos, que la meditación tiene un gran beneficio psicológico.

Como puedes ver las enseñanzas del Buda son ante todo prácticas. Lo son porque el Buda las sometió a prueba antes de compartirlo con los demás. Es importante entender que el Buda no era Dios ni se le considera tal entre los budistas. Más bien, era un ser humano que por medio de mucha investigación y esfuerzo aprendió a liberar su mente del sufrimiento que vivió en carne propia.

¿Cuáles son los requisitos necesarios para lograr esta claridad mental tan valiosa? Las prácticas y los conceptos se explican de manera detallada en estas páginas. Pero es posible adelantar algo que no es necesario para aprender la atención plena. No es necesario cumplir ritos místicos ni comprometerse con creencias esotéricas. Ni siquiera se requiere abandonar tu religión si es que estás afiliado a una, ya que todas las religiones comparten la idea de que una mente serena y colmada de amor bondadoso representa un antídoto para el sufrimiento humano. Aunque el Budismo no requiere conversiones radicales si requiere un compromiso con la reducción del sufrimiento. Y en esto el Buda difiere de aquellos que consideran que estamos destinados al sufrimiento de por vida. El Buda sabía que aunque nuestra experiencia puede estar cargada de problemas y a veces de dolor todos tenemos una capacidad innata de desligarnos de la parte mental que contribuye al sufrimiento. Esta capacidad liberadora es la que genera el bienestar y es la que el autor invita a que descubras por medio de esta lectura.

ᘒ

Esta traducción se ha beneficiado de la colaboración de dos magníficas personas. Ellas editaron de manera minuciosas los borradores e hicieron sugerencias muy valiosas en cuanto a la traducción de frases y expresiones que todavía no son de uso común debido al relativo desconocimiento del Budismo en el mundo Hispano-parlante. Ginny Contento, maestra consagrada del Español de Castilleja High School en Palo Alto y Miriam Matienzo participante de los centros Budistas Zen Dragon Gate y Vajrayana Kadampa en Chicago brindaron su apoyo paciente e incansable. Sin lugar a dudas el producto final es de mucha mayor calidad debido a su participación.

También fue de inmenso valor las aclaraciones y explicaciones que ofreció al traductor el autor y maestro Gil

Fronsdal. Gil es una persona amable y bondadosa que siempre fue disponible en este largo proceso. Su deseo es que las enseñanzas se promulguen de una manera amena y asequible. Por último agradezco a Inés Freedman por su capacidad organizativa y por su generosidad en hacerse cargo de este proyecto.

Andrew Wallace

INTRODUCCIÓN
EL ASUNTO AL ALCANCE DE TU MANO

Érase una vez, en tiempos muy lejanos, que todo el mundo andaba descalzo. Un día la Reina se cortó el pie al caminar sobre un terreno rocoso. Molesta, congregó a sus ministros y ordenó que todas sus tierras fuesen alfombradas con cuero. Un ministro muy sabio se levantó y sugirió una idea más sencilla. "En vez de cubrir el reino con cuero, más bien cubramos las plantas de los pies de todos los habitantes." A la Reina le pareció magnífica propuesta, y fue así el origen de los zapatos.

Suena absurdo alfombrar todo un país con cuero para proteger los pies de sus habitantes. De igual manera, nuestra forma de lidiar con los problemas de la vida cotidiana frecuentemente consiste en tapar el mundo en que habitamos. Un método mucho más eficaz de vivir, igual que ponernos un par de zapatos, es aprender a ocuparnos solamente del punto de contacto directo que tenemos con el mundo.

Según las enseñanzas del Buda, la práctica de la "atención plena" (traducción de la palabra "sati" en el idioma pali o "*mindfulness*" en inglés) nos entrena a hacer consciencia y a enfocarnos en ese punto de contacto. Este término fundamental en el Budismo describe un estado mental en el que estamos totalmente presentes con lo que nos rodea. Estar atentos plenamente implica estar conscientes de lo que está ocurriendo en nuestro entorno, al momento en que está ocurriendo. Es una habilidad que se aprende. Cuando adquirimos experiencia en observar las cosas atentamente, con un enfoque claro, no nos dejamos desviar por nuestros pensamientos, nuestras opiniones ni las reacciones repentinas. Al practicar la atención plena vemos las cosas tales como son, en vez de filtrarlas por los lentes distorsionados de nuestras ideas preconcebidas e interpretaciones particulares.

De igual manera que un par de zapatos, la atención plena ofrece protección. Pero un par de zapatos sólo nos protege del mundo externo, del suelo rocoso. La atención plena protege tanto del mundo externo como del interno. Nos protege del mundo externo porque nos ayuda a ver las circunstancias de la vida más claramente. Nos protege tanto del mundo externo como del interno porque empezamos a darnos cuenta y a discernir cuales son las reacciones internas automáticas que acostumbramos tener al confrontar situaciones diversas. La atención plena fortalece nuestra capacidad para evitar impulsos dañinos y nos ayuda a actuar en beneficio de nosotros mismos y de los demás.

El entrenamiento en la atención plena nos enseña a enfocarnos en el punto de contacto entre nuestra experiencia y el mundo. Ese punto lo podemos percibir directamente. Podríamos decir que está a la mano. Me gusta la expresión "está a la mano" porque la imagen de una mano da la idea de algo que se puede tocar, que se puede ver y sentir de forma inmediata en el presente.

Si pasamos mucho tiempo anticipando lo que va a ocurrir en el futuro, el asunto que está al alcance de la mano no es el evento futuro que nos preocupa, sino más bien aquello que es palpable en el presente, la experiencia física y mental directa de sentirnos preocupados o emocionados por el futuro. Si pasamos mucho tiempo en un mundo interno de fantasías, el asunto que está al alcance de la mano podría ser la sensación física de aburrimiento que nos conduce a crear cuentos o fantasías mentales. Si nos encontramos en una conversación en que estamos enfadados, el asunto al alcance de nuestra mano no la encontramos al repasar las ocurrencias pasadas que nos enojan ni al juzgar a la otra persona. Más bien la hallamos cuando basamos la conversación en lo que cada uno está sintiendo al hablar. No quiere decir que no debemos analizar el evento pasado que nos llevó a enfadarnos, pero si significa que al poner en práctica la atención plena no perdemos la conexión que tenemos en el presente con nosotros mismos y con la persona con quien conversamos.

El buscar lo que está al alcance de la mano es la búsqueda de lo que está más cerca, aquello que se ve directamente, que se escucha, se huele, se saborea, se siente y que se conoce en el presente. A veces el asunto al alcance de la mano tiene que ver con la forma en que "sujetamos" nuestras experiencias. Cuando doy pláticas a los niños sobre este tema sujeto una campanilla en mi mano. Primero agarro la campana con fuerza y les demuestro a los niños que al tocarla produce un sonido sordo y pesado. Después coloco la campanilla delicadamente sobre la palma de mi mano, sin asirla, y esta vez suena hermosamente cuando la toco.

Cuando el agarrar o asir con fuerza es el asunto que está al alcance de la mano, entonces la atención plena se enfoca en la experiencia de asir. Bajo dichas circunstancias la función primordial de la atención plena es de ayudarnos a soltar o relajar la mano. Efectivamente, la relación que tenemos con nosotros mismos y con el mundo puede caracterizarse por la ausencia de la angustia y el aferrarse. La mano cerrada, la mano que agarra, la mano que resiste puede soltar. Esta es la liberación que puede resultar de la práctica de la atención plena. Quizás entonces podemos tocar nuestro mundo con la misma ternura y el mismo cariño con que el Buda tocó la tierra en la noche de su iluminación.

℃

El libro que tienes en tus manos es una compilación de ensayos y pláticas sobre la práctica Budista de la atención plena. Muchos de estos capítulos se originaron en las charlas ofrecidas en las sesiones de meditación de los Domingos y Lunes del Insight Meditation Center, ahora ubicado en Redwood City, California. Algunos de los capítulos fueron escritos con la intensión de publicarlos en revistas y literatura Budista.

Este libro es una ofrenda para el *dharma* (las enseñanzas del Buda). De la misma manera que el propósito de ir a un restaurante no es el de leer el menú, sino de cenar, la finalidad de un libro sobre el *dharma* no se halla meramente en leerlo, ni siquiera en comprenderlo. Mi esperanza es que las enseñanzas de este libro sirvan de estímulo para estudiar el asunto que está al alcance de tu mano.

Solamente este es el Camino.
No hay otro para purificar la visión.
Seguid el camino,
Y confundirás a Mara.
Seguid el camino,
Y pondréis fin al sufrimiento.
Dhammapada 274-275

LAS CUATRO VERDADES NOBLES

En una ocasión el bendecido estaba viviendo en un bosque en Kosambi. Entonces, tomó un puñado de hojas en sus manos y le preguntó a sus bhikkus (monjes), "¿Qué opinión tienen bhikkus? ¿Cuáles son más numerosas, las pocas hojas en mi mano o las de los árboles del bosque?"

"Venerable Señor, las hojas que el bendito ha cogido en su mano son pocas, pero las del bosque son mucho más."

"De igual manera, bhikkus, las cosas que he conocido directamente, pero que no os he enseñado, son más numerosas, más las que os he enseñado son pocas. ¿Por qué no os las he enseñado? Porque no son beneficiosas, son irrelevantes a la vida Santa y no conducen a la serenidad..."

Samyutta Nikaya V. 437-438

Así como lo indica el *sutta (discurso)*, el Buda nos brindó solamente una pequeña porción de su conocimiento espiritual. En otra instancia el Buda dijo: "Yo enseño una cosa y una sola, el sufrimiento y el fin del sufrimiento." Esta es una de las definiciones más elementales del sendero del Buda. Nos habla de nuestra capacidad de pasar de una vida de sufrimiento a una vida libre del sufrimiento. Cuando alcanzamos dicha liberación podemos enfrentar el mundo con mayor compasión.

Nuestra tradición es sencilla. Algunos pensarán que es muy pobre pues posee un sólo puñado de hojas. No cuenta con todas las hojas que están en los árboles del bosque. Otros, al contrario, quedan deslumbrados cuando intentan enfocarse en la inmensidad de todas las hojas. Pero el enfoque de la tradición Theravada consiste simplemente en comprender el sufrimiento y en cómo librarnos de él, y cómo lograr la felicidad. No hay que saber mucho para adquirir dicha liberación.

En su primer sermón, "Poniendo en Movimiento la Rueda del Dharma" el Buda enseñó en cuanto al sufrimiento y la cesación del sufrimiento al explicarnos las Cuatro Verdades Nobles. Después de 2500 años estas Verdades siguen siendo fundamentales. Casi todas las tradiciones Budistas le dan preeminencia. Son fáciles de entender intelectualmente, pero una comprensión profunda de su impacto es posible solamente para una persona cuya liberación está en plena madurez.

Cuando el Buda formuló las Cuatro Verdades Nobles utilizó el modelo médico. En esos tiempos los médicos identificaban una enfermedad, proponían su causa, formulaban un pronóstico, y a la postre recetaban una cura para el paciente. El Buda adoptó esta fórmula cuando expuso las Cuatro Verdades Nobles:

1. El Sufrimiento ocurre
2. La Causa del sufrimiento son las ansias
3. La cesación del sufrimiento es posible
4. La cesación del sufrimiento se logra a través del Noble Sendero Óctuple

Considero importante que el Buda utilizó el modelo médico porque es práctico y evita los temas metafísicos. Las grandes religiones del mundo tienden a estar imbuidos de creencias metafísicas o cosmológicas que sus seguidores deben aceptar para que el resto de las doctrinas tengan sentido. Pero el Buda consideró que la especulación metafísica no era benéfica para entender la liberación del sufrimiento. El no postuló dogmas. Más bien ofreció ejercicios y perspicacias cuya utilidad podemos verificar por nuestra propia cuenta. Efectivamente, la genialidad de las Cuatro Verdades Nobles consiste en que ofrece una guía para la vida espiritual sin exigir adherencia a creencias metafísicas.

La Verdad Del Sufrimiento

La Primera Verdad Noble declara simplemente que el sufrimiento nos ocurre a todos. Es importante comprender que la Primera Verdad no expresa una actitud pesimista o fatalista. No está enseñando que "la vida en su totalidad es sufrimiento". El decir que el sufrimiento ocurre quizá no suena como una declaración muy profunda. El sufrimiento es algo obvio y natural en los seres humanos. Cuando nos damos un golpe en el dedo del pie nos duele. La espalda se nos puede lesionar de por vida y sentimos dolor crónico. El Buda mismo estuvo sujeto a dolores físicos. A veces rehusaba dar un discurso porque padecía de dolor en la espalda. También el dolor emocional a todos nos aqueja, especialmente si estamos abiertos al mundo que nos rodea. Cuando algún conocido experimenta dolor, nosotros mismos podemos identificarnos con ellos y sentir un dolor parecido. Es parte de ser humano el sentir empatía. Sin embargo, el dolor no es el tipo de sufrimiento del cual el Buda nos quería liberar.

Para entender las Cuatro Verdades Nobles es importante distinguir entre el sufrimiento inevitable y el sufrimiento opcional. El sufrimiento opcional lo creamos nosotros mismos cuando reaccionamos ante algo que nos ocurre, por ejemplo, al enojarnos ante un tropezón, o cuando ansiamos demasiado ser felices. A veces sufrimos a raíz del dolor físico o alguna enfermedad. Esto es inevitable. Pero después empezamos a juzgarnos a nosotros mismos. "¿Qué hice para que esto me ocurriera? ¿Será que me lo merezco?" Nos auto-criticamos, o posiblemente culpamos a otros. Estos pensamientos agregan a nuestra aflicción. Otro ejemplo del sufrimiento opcional podría ser cuando sentimos mucha ira o nos deprimimos al observar el sufrimiento o la crueldad que existe en el mundo. El sufrimiento opcional tiende à surgir cuando reaccionamos con repugnancia o apego o justificación o condena ante esas circunstancias. Estas reacciones añaden sufrimiento a los dolores naturales que nos afligen. El Buda enseñó que es posible experimentar los dolores inevitables directamente sin agregarle pensamientos nocivos. Considera lo siguiente: ¿Si a todos nos toca experimentar los dolores naturales, no será mejor hacerlo sin añadirle intervenciones mentales dañinas?

Las Cuatro Verdades Nobles no prometen eliminar el sufrimiento normal que nos aqueja. Más bien confrontan el sufrimiento o "estrés" opcional que provienen de nuestras reacciones. Cuando nos aferramos o apegamos a alguna experiencia esto puede producir sufrimiento. Y a la inversa, cuando tratamos de guardar distancia, bloquear, o huir de algún sentimiento o alguna experiencia también creamos sufrimiento. El Budismo nos ayuda a entender las múltiples maneras en que nos aferramos o distanciamos de nuestras experiencias.

Podemos empezar a poner en práctica las enseñanzas del Buda cuando prestamos atención a nuestro sufrimiento. Según los textos antiguos nadie llega al Sendero sino a través del sufrimiento. El reconocimiento del sufrimiento es algo sagrado; es digno de respeto. Debemos estudiar nuestro sufrimiento para empezar a conocerle bien de igual manera que un médico analiza detenidamente una enfermedad. Si el sufrimiento es muy agobiante, mucho más poderoso es el aliciente para estudiarlo.

Pero no todo el sufrimiento es obvio. Existen dolores más sutiles que también nos sirven de maestros. Por lo tanto es importante estudiar los malestares secundarios, aquellas frustraciones cotidianas como el enojo con el tráfico o nuestra irritación con algún colega del trabajo.

Podemos estudiar nuestro sufrimiento si ponemos atención tanto a las cosas a que nos aferramos como a las diversas maneras en que lo hacemos. El Buda señaló cuatro tipos de apegos a los cuales nos aferramos y que pueden producir sufrimiento en nuestras vidas. Una de ellas son los ritos religiosos o los conceptos morales. Para algunos estos no son tan importantes. Pero para otros el aferrarse a los preceptos religiosos significa la posibilidad de salvación o liberación. Algunos se aferran a algún rito o a alguna regla de su religión porque consideran que la religión se trata solamente de ritos o reglas. Otros son muy devotos porque quieren crear una identidad espiritual, por ejemplo, el de ser personas piadosas. Posiblemente otros se aferran a la religiosidad porque quieren escapar de las preocupaciones de la vida o porque quieren sentirse emocionalmente seguros. Entre los budistas, al igual que en otras religiones, puede existir el mismo fenómeno. Vemos personas tan maravilladas por su experiencia en la meditación que se aferran de manera fanática a la idea de traer a otros al Sendero del Buda. Desgraciadamente, todos estos apegos pueden producir sufrimiento para nosotros y molestia a los que nos rodean.

El segundo tipo de aferramiento o apego que puede causar aflicción es el aferramiento a algún punto de vista o a diferentes opiniones. Estos incluyen nuestras ideas sobre cómo debe de ser el mundo, o las historias que creamos en cuanto a nuestra vida o los juicios que formamos en cuanto a otras personas. Todos estos pueden ejercer un control potente sobre nuestras reacciones y nuestra manera de percibir el ambiente. Confiar en nuestros puntos de vista y actuar en base a ellos es algo que pocos cuestionamos. Muchas de nuestras emociones surgen de opiniones, hasta nuestro sentido de identidad personal puede estar basado en ellas.

El siguiente es un ejemplo sencillo que ilustra cómo una historia que formulamos en nuestra mente crea una emoción. Supongamos que tienes una cita para encontrarte con una amistad. Estás esperando en la esquina de la vía acordada y hace frío. El amigo no se aparece. Eso es lo único que está pasando. Pero de pronto, ante dicha ocurrencia, nuestra mente empieza a trabajar. "Esa persona ya no me respeta." Con esa evaluación empezamos a enojarnos. El enojo en este caso no surge porque mi amistad no llegó a la cita prevista. Más bien se genera por la interpretación que le damos a la situación, que puede ser cierta o no. Posiblemente mi amigo tuvo un accidente y está en la sala de emergencia. Más benéfico sería entonces percatarnos de nuestras interpretaciones mentales, y aceptarlas solamente como alternativas posibles. Y si resultan ciertas debemos actuar con sabiduría sin aferrarnos tampoco a ellas.

El tercer tipo de aferramiento consiste en apegarnos a nuestro sentido de identidad personal. Los seres humanos tenemos la tendencia a construir una imagen mental de quien somos (soy inteligente, soy importante o soy una víctima), nos identificamos con esa imagen inflexiblemente y la proyectamos a los demás. Queremos que otros nos vean de cierta manera. Esto es lo mismo que crear un punto de vista. Es la "historia" de quien soy yo. Mantener y defender esta auto-imagen es costoso emocionalmente pues genera todo tipo de preocupaciones en cuanto a la manera en que hablamos, la manera en que vestimos y la manera en que nos comportamos. Terminamos evaluando todo en relación a nuestra auto-imagen, y esto produce sufrimiento interminable.

El cuarto tipo de aferramiento es al apego del placer sensual. Dentro de esta categoría el Buda también incluyó la aversión o repugnancia que sentimos cuando confrontamos algo no placentero. En las Escrituras Budistas el apego al placer es el primero en la lista, sin embargo yo lo menciono al último porque en nuestra sociedad tiende a molestar a algunos. Es importante aclarar que el Buda no nos enseña que el placer sensual es problemático en sí mismo pues la vida ofrece diferentes placeres que son normales y positivos. Las dificultades empiezan cuando nos aferramos a ellos. El poeta inglés William Blake lo expresó hermosamente:

Quien encadena una alegría a si mismo
Destruye la vida alada.
Pero aquel que besa una alegría en vuelo
Vive en la eternidad de la aurora

El apego al placer sensual es tan dominante que muchos sentimos que algo está mal cuando nuestra experiencia es desagradable. Pero las sensaciones agradables o desagradables son sensaciones nada más, al menos que le agreguemos una interpretación o historia mental. Por ejemplo, a veces confundimos el placer con la felicidad y este pensamiento se convierte en un poderoso estímulo para la búsqueda desenfrenada del placer. Con la práctica Budista descubrimos aquella felicidad que no está ligada a los objetos de nuestros deseos o de nuestro placer. Con este descubrimiento el encanto seductor de los placeres sensuales empieza a desvanecer.

La Verdad De La Causa Del Sufrimiento

La palabra "*dukkha*" (proveniente del idioma pali) que se traduce como sufrimiento, está estrechamente ligada a "*sukkha*" (también del idioma pali) que significa felicidad. Tienen la misma raíz: "*kha*" que significa el eje de una rueda. "*Du*" significa "mal" y "*su*" significa "bien". Por lo tanto, "*dukkha*" significa una rueda fuera de su eje, una rueda no balanceada.

La Segunda Verdad Noble declara que aquello que produce desbalance, lo que causa nuestro sufrimiento son las "ansias". En el idioma Pali la palabra es "*tanha*" que literalmente significa "sed". A veces se traduce como "deseo" pero esa traducción da la idea errónea de que todos los deseos son problemáticos. Lo que causa el sufrimiento es aquel deseo o aversión que es compulsivo o acosante. El tener ansias puede significar que nos sentimos deseosos de tener alguna experiencia o de poseer algún objeto o, a la inversa, puede significar que sentimos repugnancia por algo y queremos rechazarlo a cualquier costo. Las ansias pueden ser sutiles o flagrantes y es importante estar conscientes de todas para poder entender como contribuyen a nuestro sufrimiento.

Parte de la razón que el Budismo enseña a meditar y a enfocar la mente sobre lo que está pasando en el presente es que nuestro sufrimiento solo ocurre en el presente. Además, las ansias que causan nuestro sufrimiento, solo las sentimos en el presente. Aun cuando los antecedentes para nuestro sufrimiento hayan ocurrido en tiempos pasados, el pensamiento o la memoria de esos antecedentes solo ocurren en el presente cuando los estamos pensando. Por lo tanto, ponemos énfasis en el presente para ver claramente como las ansias producen nuestro sufrimiento. En el momento presente podemos encontrar tanto la causa como el alivio para nuestro sufrir.

Dicho sencillamente, cuando nos enfocamos en nuestra experiencia presente estamos en la mejor disposición para entender las Cuatro Verdades Nobles. Cuando meditamos, lo primero que hacemos es estabilizar nuestro ser en el presente. Relajamos nuestros cuerpos, escuchamos los sonidos a nuestro derredor, y sentimos la sensación de nuestro respirar. Una vez que estamos centrados en el presente podemos empezar a explorar nuestras experiencias: lo que nos atrae, lo que nos repugna; y lo que causa nuestro dolor.

La Verdad De La Cesacion Del Sufrimiento

La Tercera Verdad Noble indica que la liberación es posible, que podemos poner fin al sufrimiento. Cuando comprendemos claramente que nuestro sufrimiento resulta de las ansias, entonces, es lógico concluir que la liberación es posible cuando nos desligamos de ellas.

La palabra *"nibbana"* o *"nirvana"* se refiere a la condición de estar libres del sufrimiento. Aunque la tradición Theravada a veces describe *nirvana* como si fuera un estado de suprema felicidad o paz, más comúnmente lo define sin explicitar sus características. Nirvana es simplemente la condición que resulta cuando ya no hay ansias o apego. Es mejor definirlo sin especificar, en parte, porque nuestro vocabulario es muy limitado. Además, los intentos de describir *"nirvana"* nos pueden llevar a especulaciones metafísicas poco beneficiosas.

Tampoco queremos definir *"nirvana"* como un sentimiento de sublime tranquilidad porque *nirvana* no se puede reducir a un estado de ánimo. Fácilmente nos apegamos a las emociones placenteras pero estas no constituyen el verdadero fin de la meditación. Posiblemente estamos convencidos que debemos experimentar ciertos estados mentales para realizar la Tercera Verdad Noble. Pero si recordamos que el no-apego es precisamente el vehículo para lograr la liberación, entonces perdemos la inclinación a aferrarnos a algún estado anímico, por grato que sea. Por lo tanto, no te aferres a tu felicidad. No te apegues a tu tristeza. No te apegues a ningún logro espiritual.

El Camino Que Conduce A La Cesación Del Sufrimiento

Desligarnos de aquello que nos atrae poderosamente puede ser una tarea muy ardua. Requiere paciencia desarrollar las virtudes que nos pueden liberar como la comprensión, la compasión, y la claridad mental. La Cuarta Verdad

Noble ofrece una ayuda práctica para lograrlo. Describe ocho pasos que llevan a la liberación del sufrimiento. Estos pasos son necesarios para crear un ambiente que apoye la espiritualidad madura. Son las siguientes:

1. Visión o Perspectiva Correcta
2. Pensamiento o Intención Correcta
3. Hablar Correctamente
4. Acción o Conducta Correcta
5. Manera de Ganarse la Vida o Subsistencia Correcta
6. Esfuerzo Mental Correcto
7. Atención Plena Correcta
8. Concentración o Meditación Correcta

A veces los pasos se enseñan en forma consecutiva. El practicante los desarrolla en orden. Primero, clarifica su entendimiento e intención para no desviarse del camino simple de las Cuatro Verdades Nobles (pasos 1 y 2). Segundo, pone su comportamiento en orden (pasos 3, 4 y 5), lo cual sirve de fundamento para el desarrollo interno del Esfuerzo Mental Correcto, la Atención Plena Correcta y la Meditación Correcta (pasos 6, 7 y 8). Cuando se utiliza el método consecutivo el practicante no tiene que completar cada paso antes de proceder al siguiente. Más bien, se desarrollan los pasos en un movimiento espiral en que se regresa una y otra vez al primer paso, cada vez más profundamente y con mayor comprensión.

A veces la lista no se enseña como si fueran un camino que se tiene que seguir en secuencia. Más bien los pasos se presentan como ocho aspectos de un solo camino que se desarrollan juntos. Estos se apoyan y nutren entre sí. La lista abarca todos los aspectos de nuestra vida y los integra a la práctica espiritual. Podemos comprender este método de enseñanza cuando dividimos los ocho pasos en tres categorías: el cuerpo, el habla y la mente. Conducta Correcta y Manera de Ganarse la Vida Correcta pertenecen a las actividades del cuerpo. Hablar Correctamente corresponde a la actividad verbal. El resto corresponden al campo de la mente y del corazón.

Algunos maestros dividen el Noble Camino Óctuple en tres esferas: la ética, las prácticas espirituales interiores y la sabiduría que corresponden respectivamente en el pali a *"sila"*, *"samadhi"* y *"panna"*. En este caso el Hablar Correctamente, la Conducta Correcta y la Manera de Ganarse la Vida Correctamente se enseñan al principio del camino, como aspectos de la ética. Después del desarrollo de la ética se enfoca en las prácticas internas del esfuerzo mental, la atención, y la meditación que conducen al desarrollo de la sabiduría y al conocimiento profundo.

El Noble Sendero Óctuple ofrece un rico tesoro de ejercicios espirituales. Bien vale la pena dedicarnos a su estudio y conocerlo a fondo.

Entre estas Ocho la tradición "Vipassana" pone énfasis especial en la atención plena. Esto es porque si profundizamos nuestra capacidad para permanecer atentos, los otros aspectos del Noble Sendero Óctuple le siguen con naturalidad.

La Atención Plena también es la clave para la transformación de la liberación. Es el vehículo que conduce a realizar las Cuatro Verdades Nobles. Cuando desarrollamos la atención plena, y estamos atentos a lo que nos ocurre, aprendemos a reconocer cuando el sufrimiento aparece con mayor facilidad. En vez de huirle, nos interesamos en él, casi como un objeto de estudio científico. También aprendemos a estar cómodos con el sufrimiento, de tal manera que no actuamos indebidamente ante nuestro malestar. Luego podemos empezar a comprender la raíz del sufrimiento, y a liberarnos de los apegos.

Todas las enseñanzas del Buda son una elaboración de las Cuatro Verdades Nobles. Cuando integramos este puñado de hojas nuestra vida espiritual es sencilla y práctica. Todos podemos experimentar el gozo y la paz que resultan de la liberación de nuestros apegos.

¿Por qué la risa, cual el gozo
Cuando las llamas están ardiendo?
Rodeado de las tinieblas,
¿No deberíais buscar la luz?

Dhammapada 146

LA INTOLERANCIA AL SUFRIMIENTO

Al Budismo popularmente se le conoce como una religión
tolerante. De cierto que lo es. Pero a medida que madura
nuestra práctica espiritual desarrollamos una especie de intolerancia: la intolerancia al sufrimiento. Uso la palabra
intolerancia de una manera deliberadamente provocativa,
para incentivar la reflexión sobre el sufrimiento y los temas
relacionados.

Tomar en serio el sufrimiento es un elemento importante
de la práctica espiritual Budista. Si tratamos de ignorarlo
perdemos una magnífica oportunidad para el crecimiento.
La intolerancia al sufrimiento motivó al Buda a encontrar su
liberación. El sufrimiento, que definimos como un sentimiento de insatisfacción con la vida, motiva a las personas a
abordar la práctica espiritual. El desafío del Buda es precisamente que nos liberemos de nuestro sufrimiento.

Con frecuencia la gente tolera el sufrimiento, en particular, el sufrimiento sutil de la vida cotidiana. Por ejemplo,
muchas veces no nos fijamos en la tensión que prevalece al
conducir un automóvil: manejamos un poco más rápido de
lo aconsejable, perdemos la paciencia con otros conducto-
res, o sentimos ansiedad sobre nuestro destino. A estos factores estresantes menores no les damos mucha importancia,

pero el estrés se acumula con el transcurso del tiempo y empieza a afectar nuestro humor.

A veces toleramos el sufrimiento de mayor trascendencia. Por ejemplo, se nos hace difícil confrontar conflictos interpersonales porque nos parece que lidiar con ellos causará aún más sufrimiento, y por lo tanto no lo hacemos. O posiblemente toleramos el temor existencial que produce el pensar sobre nuestra mortalidad. Por lo tanto no nos atrevemos a reflejar sobre la muerte y permanecemos cautivos por el miedo que nos produce.

Tenemos muchas formas de tolerar el sufrimiento y muchos motivos para hacerlo. Nos angustiamos al pensar en las posibles consecuencias de confrontar algo que nos causa dolor. Para esquivarlo nos entumecemos ante el sufrimiento, o escogemos desviar la mirada. A veces llegamos a tal punto que a propósito negamos la existencia de cosas reales que nos afligen.

También es posible tolerar el sufrimiento debido a nuestra ambición o nuestros deseos. Es común aceptar cierto nivel de malestar con tal de alcanzar una meta virtuosa. Podríamos decir que esta tolerancia es un componente necesario de la vida. Por ejemplo, para recibir un título universitario hay que estudiar mucho y a veces se requieren sacrificios poco placenteros. Sin embargo estamos dispuestos a aceptar las dificultades porque valoramos la educación.

Pero conseguir algo con mucho sufrimiento no siempre tiene lógica. Al reflexionar sobre nuestros valores éticos posiblemente concluyamos que lo que anhelamos no merece tanto esfuerzo. A modo de ilustración, puede que no valga la pena martirizarnos por muchos años en algún negocio para enriquecernos materialmente.

Las crisis importantes y las tragedias personales pueden ser difíciles de manejar, pero son más fáciles cuando ya tenemos experiencia con asuntos menores. El sufrimiento sutil en nuestras vidas, la manera que conducimos un automóvil o la forma en que dialogamos con algún colega en el trabajo, puede parecer insignificante. Pero si ponemos atención a las maneras pequeñas en que sufrimos creamos un ambiente de tranquilidad, paz y responsabilidad que nos ayuda a manejar las situaciones más complicadas en el futuro.

Ser intolerante al sufrimiento, en el sentido Budista, no significa que hacemos un esfuerzo heroico por rechazarlo, ni que lo ignoramos deliberadamente, ni siquiera que luchamos en su contra. Más bien, quiere decir que observamos nuestro sufrimiento con sobriedad y tranquilidad, sin morbosidad, con la fe de que si lo comprendemos tendremos una vida más gozosa y pacífica.

En la práctica Budista investigamos la naturaleza del sufrimiento y lo primero que aprendemos es que tenemos una relación especial con nuestro sufrir. A veces lo toleramos, a veces lo evitamos, y a veces lo aceptamos de maneras poco saludables. En otros casos sentimos aversión y queremos evitarlo a cualquier costo. Pero, lastimosamente, tratar de sacar algo doloroso del corazón, o siempre estar huyendo de algo que nos hace sufrir puede generar aún más sufrimiento.

También es importante fijarnos en la función psicológica que el sufrimiento puede tener en nuestras vidas. Posiblemente interpretamos el sufrimiento como si fuera una consecuencia de algo que hicimos en el pasado. Por lo tanto, nos auto-condenamos, o nos sentimos culpables o incapaces de mejorar. En otras oportunidades cometemos el error de identificarnos con nuestro sufrimiento tan profundamente que nos orientamos hacia el mundo principalmente como personas sufridas. Queremos que el mundo nos trate como "víctimas". Empleamos esta fórmula para lograr que otros nos traten de una manera acogedora pero resulta contraproducente.

Si estamos dispuestos a investigar el sufrimiento y observarlo detenidamente, sin reaccionar, entones se suscita un cambio. Involucramos una parte sana de nuestras emociones en la experiencia del sufrimiento. En vez de estar enraizados en nuestro sufrimiento, o estar perdidos en nuestros esfuerzos por evitarlo, o cerrados a la experiencia del sufrimiento, más bien preguntamos de manera directa y tranquila: "¿Qué es lo que me aflige?" Esta evolución hacia una relación psicológica más sana con el sufrimiento es un aspecto importante de la práctica Budista.

La práctica de la meditación nos ayuda a desarrollar la concentración. Cuando logramos concentrarnos sobre algo tan simple como la respiración contrarrestamos el poder de nuestros apegos con el poder de la concentración. Con frecuencia la concentración genera un sentimiento de calma, de serenidad, y aún de gozo que a su vez cambia nuestra relación con el sufrimiento.

Pero la concentración es solo uno de los componentes de la práctica de la atención plena. La atención plena fortalece nuestra habilidad para observar las fuentes de nuestro sufrimiento detenidamente y con honestidad. Esas raíces no están en el pasado sino en el momento actual. Posiblemente fueron generados en eventos de hace mucho tiempo e indudablemente es valioso aprender del pasado. Pero el sufrimiento ocurre en este momento, no en el pasado, y se mantiene debido a nuestros apegos, aversiones y temores actuales. Si podemos soltar aquello a que nos apegamos, el sufrimiento también disminuye. La atención plena, junta con la concentración, nos permite ver en cada momento como estamos apegados a algo que constituye el meollo de nuestro sufrir.

La intolerancia al sufrimiento puede coexistir con el gozo. Claro que no gozamos el sufrimiento en sí pero sentimos satisfacción cuando aplicamos nuestra práctica espiritual a la resolución del sufrimiento. A medida que nos volvemos intolerantes al sufrimiento y lo confrontamos con realismo y honestidad empezamos a ver la posibilidad de vivir vidas llenas de alegría y tranquilidad.

Atento entre los inatentos, bien despierto
entre los dormidos.
El sabio avanza de igual manera que un caballo veloz se le
adelanta a un caballo lento.

Dhammapada 29

LA PRÁCTICA DE LA ATENCION PLENA

El texto religioso *Sutta Mahaparinibbana* contiene
las últimas enseñanzas del Buda antes de su muerte. Consisten en un recuento de lo que descubrió al ser iluminado y lo
que procuró enseñar a sus discípulos por 45 años. Es valioso
recalcar que no propuso una serie de doctrinas o un sistema
de creencias sino una lista de prácticas y cualidades que crecen a la par con la vida espiritual. Al enseñarnos prácticas en
vez de "verdades," el Buda brindó métodos efectivos para
desarrollar vidas pacíficas, compasivas y liberadas. En cierto
sentido, el Budismo se preocupa más con descubrir aquella
verdad que concuerda de manera genuina con nuestro corazón y cuerpo que con la verdad que dicta alguna tradición,
escritura o maestro.

La meditación *Vipassana* es una de las enseñanzas
centrales del Buda. Se ha practicado activamente por 2500
años. El corazón de *Vipassana* consiste en la práctica de la
"atención plena," el cultivo de una consciencia clara y serena
sin juicio alguno en cuanto a lo que se está experimentando
momento a momento. La práctica de la "atención plena"
puede ser muy efectiva en propiciar la calma y claridad en
medio de las presiones cotidianas pero también representa
una senda espiritual que gradualmente disuelve las barreras

que impiden el desenvolvimiento completo de la sabiduría, la compasión y la libertad.

La palabra *Vipassana* significa literalmente "ver claramente." Cultivar una visión clara es fundamental para aprender a estar presentes con las cosas tales como son, en el mismo momento que surgen al nuestro derredor. Aprendemos entonces a observar el mundo sin los filtros de nuestros prejuicios, nuestras etiquetas, nuestras proyecciones y reacciones emocionales. Además, desarrollamos la confianza y el valor para estar presentes de lleno con cualquier situación que enfrentamos en la vida en vez de crear fantasías en cuanto a cómo nos gustaría que fueran. La práctica de la atención plena no involucra tratar de cambiar lo que somos, más bien es la práctica de ver claramente quienes somos, de observar lo que nos ocurre a la vez que se desenvuelve, sin tratar de interferir. A medida que profundizamos nuestra meditación y adquirimos mayor destreza en la atención plena, nuestro ser es transformado, sin que sea nuestra intención hacerlo.

La atención plena depende de una característica importante de la consciencia: la consciencia por sí sola no juzga, no resiste, ni se apega a cosa alguna. Cuando nos enfocamos simplemente en estar conscientes aprendemos a desenredarnos de nuestras reacciones habituales y empezamos a tener una relación más amigable y compasiva con nuestra experiencia, con nosotros mismos y con otros.

Sin embargo, muchas veces confundimos la consciencia de lo que estamos experimentando con la autoconsciencia. Como consecuencia, empezamos a interpretar lo que nos ocurre en base a la imagen o la opinión que tenemos de lo que somos.

Por ejemplo, si nos enojamos durante un periodo de meditación, podríamos reaccionar de la siguiente manera: "¡Caramba! ¡Me enojé otra vez! Qué poco disciplinado soy." Estamos reaccionando según nuestra auto-consciencia. Cuando practicamos la atención plena cultivamos la consciencia simple sin agregarle opiniones personales. Podemos entonces reconocer la presencia del enojo sin juicios ni reproches. Simplemente reconocemos que "el enojo existe en este momento."

Si observamos una flor hermosa con una consciencia libre de etiquetas o sentimientos personales disfrutamos de esa flor tal y cual como es. Pero si la observamos centrados en nosotros mismos posiblemente pensamos lo siguiente: "Esa es una flor hermosa. La quiero para mí mismo y para mi hogar para que otros vean que tengo buen gusto y me admiren por mi estética".

Como hemos visto en otros capítulos un elemento fundamental del Budismo es el aprecio por el presente. Reconocemos, por lo tanto, que las cosas maravillosas que ocurren en esta vida, como la amistad, el gozo, la generosidad, la compasión y hasta el aprecio sencillo por una flor hermosa sólo las experimentamos profundamente cuando pausamos y estamos enfocados en lo que se aparece en el momento actual.

Apreciar el presente requiere aprender que el momento actual es confiable. No es necesario escapar mentalmente hacia el futuro ni el pasado como solemos hacer. Si nos empeñamos en permanecer atentos a lo que pasa sin sujetarnos a las reacciones instantáneas de nuestra mente entonces sabremos cómo responder a diversas circunstancias con tranquilidad y con propiedad.

Pero apreciar y confiar no es fácil. Parte de la práctica Budista consiste en averiguar el por qué no podemos confiar y valorar el momento en que nos encontramos. ¿Por qué escapamos hacia el futuro o al pasado? ¿Cuál es nuestra frustración? ¿Cuál es nuestra angustia? ¿Por qué ofrecemos tanta resistencia? ¿Por qué desconfiamos tanto de nuestro ambiente? Cuando todos estos impedimentos están operando entonces la consigna de la atención plena consiste en capacitarnos para reconocerlas abiertamente. Una vez que comprendemos nuestros temores no las ignoramos ni pretendemos que no existen. Más bien las observamos directamente sin criticarnos por tenerlas.

Las enseñanzas Budistas sugieren que cuando descubrimos aquello que nos impide apreciar el presente, que nos impide confiar y que produce nuestro sufrimiento, eso mismo se convierte en un elemento liberador. Cuando lo afrentamos directamente aprendemos a vivir como personas abiertas y tranquilas en vez de estar controlados por nuestra auto-imagen y por la auto-crítica, la aversión y el orgullo que le acompañan. Cuando ponemos en práctica la atención plena no negamos aspecto alguno de nuestra humanidad. Descubrimos el método para estar presentes con cualquier circunstancia que aqueja nuestras vidas, y cada una de estas ocurrencias se convierte en una puerta que conduce a la libertad, la compasión y hacia lo que somos en realidad.

Igual que un pez fuera del agua
Lanzada sobre la arena,
Esta mente se revuelca
Intentando escapar el dominio de Mara.
Dhammapada 34

COMO NOS AYUDA LA ATENCIÓN PLENA AUN CUANDO NO PARECE ESTAR FUNCIONANDO

Cuando intentas poner en práctica la atención plena y no eres muy diestro al hacerlo es útil entender que el mero hecho de intentarlo te trae beneficios. Una buena explicación de este fenómeno la podemos ofrecer a través del siguiente ejemplo.

Imagínese una quebrada en el monte con aguas claras que a primera vista dan la impresión de ser plácidas y tranquilas. Pero si pones un palo en el agua se forma una estela a su derredor y te das cuenta de que en la realidad existe una poderosa corriente. El palo funciona como un punto de referencia para detectar el movimiento del agua.

De forma parecida, la atención plena funciona como un punto de referencia para fijarnos en aspectos de la vida que antes pasaban desapercibidas. Esto ocurre especialmente cuando practicamos lo que llamamos la "meditación sobre la respiración". Al intentar enfocarnos en la respiración, es posible que nos demos cuenta de las distracciones y preocupaciones que nos distraen. Si logramos permanecer enfocados en la respiración entonces es obvio que hemos aprendido a aplicar la práctica de la atención plena. Pero aun si nos

37

distraemos, la atención plena nos ayuda a identificar cuáles son los impedimentos para la concentración.

Si nunca hemos intentado practicar la atención plena podríamos permanecer inconscientes de las preocupaciones, tensiones e impulsos que afectan nuestra mente. Cuando estamos atareados con quehaceres rutinarios, la preocupación por lograr nuestros objetivos, nos hace insensible a la tensión diaria que prevalece en el cuerpo y en la mente. Solamente cuando pausamos es que nos fijamos en ella.

A veces nos percatamos de la velocidad en que corren nuestros pensamientos cuando nos concentramos en la respiración. Es como estar sentado en un tren. Cuando observamos las montañas que van pasando por la ventanilla casi no nos damos cuenta de la velocidad. Pero si enfocamos nuestros ojos en algo más cercano, como los postes telefónicos que surgen repetidamente cuando el tren está en movimiento, entonces sí percibimos la velocidad. La respiración opera un poco como los postes. Aun cuando tenemos dificultad en permanecer presentes con la respiración, los esfuerzos continuos por volver a la atención sirven para realzar aquello que de lo contrario no notaríamos, como el movimiento y los impulsos de la mente. Entre más rápido pensamos y entre más grandes son nuestras preocupaciones, más se hace necesario tener algo cercano como la respiración para tomar consciencia de lo que está ocurriendo. Hasta cierto punto, el mero hecho de estar conscientes nos libera de las preocupaciones.

Es fácil desanimarnos cuando no logramos permanecer enfocados en la respiración. Sin embargo, esa dificultad representa otra oportunidad para adquirir consciencia de las fuerzas mentales y los sentimientos que nos distraen. Recuerde que si aprendemos de lo que está sucediendo en el momento, sin importancia alguna a lo que es, la práctica de la meditación nos está beneficiando.

A veces es fácil concentrarnos en la respiración. Nuestra mente no está tan turbia. En dicho caso la respiración también sirve como un valioso punto de referencia. Ya no es un punto de referencia para las poderosas corrientes que nos distraen sino más bien para los pensamientos y sentimientos sutiles que crean ansiedad que están al fondo de muchas de nuestras preocupaciones y motivaciones. No se dejen cautivar por esos pensamientos y sentimientos. Simplemente mantengan consciencia de su presencia a la vez que continúan enfocando su mente en la respiración. De esta manera la respiración se convierte en un punto de referencia todavía más fino. Cuando estamos estables en la respiración, el corazón se vuelve más claro, más sereno y silencioso, como un lago tranquilo en las montañas. A partir de ahí logramos ver hasta el fondo.

Por medio del esfuerzo, la atención,
la disciplina y el auto-control,
El sabio se convierte en una isla
que ningún diluvio puede abrumar.
Dhammapada 25

LAS TORMENTAS DE LA VIDA ESPIRITUAL

Sería muy inocente pensar que la práctica espiritual Budista conlleva siempre el gozo y la serenidad. Es más realista suponer que experimentemos tanto el gozo como la tristeza, la serenidad como la angustia. Si la práctica va a abordar nuestra vida en su totalidad, entonces es inevitable que practiquemos tanto en los tiempos de crisis y perdida, como en los momentos dolorosos de auto-confrontación. Desde luego que sería mejor sortear dichas pruebas con calma, gracia y sabiduría. Sin embargo, si nos auto-criticamos porque no logramos manejar los momentos difíciles con cordura, agregamos a nuestro sufrimiento y obstaculizamos el crecimiento de nuestra compasión.

Si evaluamos el crecimiento espiritual en base a la presencia del gozo y la tranquilidad tendríamos la mirada corta pues pasaríamos por alto otras cualidades espirituales que necesitamos desarrollar. Un ejemplo nos sirve de ilustración.

Imagínese dos personas alistándose a cruzar un lago inmenso en botes de remos. La primera sale en un día claro, la superficie del agua tranquila y lisa como un espejo, con una brisa suave y una corriente firme empujándola hacia adelante. Cada vez que sumerge los remos en el agua el bote surge con fuerza hacia el otro lado del lago. Remar bajo dichas circunstancias es fácil y agradable. La persona llega rápidamente a su destino y se felicita por su admirable destreza.

La segunda persona se dispone a cruzar el lago durante una gran tormenta. Vientos, corrientes y olas poderosas van en sentido contrario al bote. Cada vez que la persona jala los remos el bote tira hacia adelante, pero pierde la distancia adquirida cuando saca los remos del agua. Por fin, después de mucho esfuerzo, logra llegar al otro lado del lago. Esta persona se siente desanimada e incompetente.

Probablemente la mayoría preferirían ser la primera persona. Sin embargo, la segunda es la que ha adquirido más fuerza y experiencia como consecuencia de su esfuerzo y por lo tanto está mejor preparada para las tormentas en el futuro.

Yo conozco a muchos meditadores que se felicitan a sí mismos por su habilidad meditativa cuando les va bien en la vida y la práctica es fácil. Conozco a otros que están llenos de dudas y de auto-críticas cuando la práctica es tormentosa. Durante un periodo de crisis y de dificultades personales posiblemente no nos sentimos espiritualmente elevados. Sin embargo, podemos lograr algo más importante: el fortalecimiento de cualidades internas que sostienen la vida espiritual a largo plazo como la atención plena, la persistencia, el valor, la compasión, la humildad, el sacrificio, la disciplina, la concentración, la aceptación y la bondad.

En la práctica Budista una de las capacidades internas más importantes por desarrollar es el conocimiento de nuestras intenciones. Nuestra intención es como un músculo. El cumplir con nuestra intención de ver con claridad y de ser compasivos aun durante tiempos difíciles es una forma importante de fortalecerlo. Lo hermoso es que aunque nuestros esfuerzos sean toscos y no logremos alcanzar una meta deseada, el músculo de la intención crece cada vez que lo usamos, especialmente si está fortalecido por la fe y la comprensión clara. A medida que nuestras motivaciones fundamentales adquieren fuerza y aprendemos a confiar en ellas, se convierten en un punto de apoyo en tiempos difíciles.

En muchas ocasiones los meditadores evalúan el éxito de su práctica según lo que sienten o lo que experimentan durante la meditación. Aunque hay múltiples tipos de experiencias que pueden jugar un papel importante en la espiritualidad Budista, la práctica rutinaria está enfocada principalmente en cultivar facultades y cualidades internas. Estos incluyen la habilidad de permanecer enfocados y la capacidad de investigar con calma lo que se nos presente ya sean circunstancias tranquilas o tempestuosas. Hay muchas cualidades y virtudes internas que se desarrollan como resultado de la atención plena y la persistencia. Estas frecuentemente están acompañadas por sentimientos de calma y de felicidad. Pero más importante que el sentimiento es la ayuda que nos proporcionan las otras cualidades mentales para permanecer despiertos y libres bajo circunstancias de felicidad y de tristeza por igual.

Sea cual sea el bien que madre o padre
O cualquier otro familiar puede hacer,
Más grande es el beneficio que se recibe
Como consecuencia de una mente bien dirigida.
        Dhammapada 43

PRACTICANDO DE CORAZÓN

El termino Budista *sati* (proveniente del idioma pali) frecuentemente se traduce al Español como "atención plena." En
líneas generales *sati* significa mantener algo en la consciencia. Cuando los Budistas de la China tradujeron los términos
Budistas Hindús a los caracteres Chinos crearon un carácter
significativo para *sati*: en la parte superior está un carácter
que significa el "momento presente" y en la parte inferior un
carácter que significa "corazón." La combinación de estas dos
da la idea que la "atención consciente" está centrada en el
corazón. Los chinos, por lo tanto, entendieron "sati" algo así
como "estar atentos con nuestro corazón." Da la idea de que
la atención plena no solo es una operación mental. Esta traducción sugiere que podemos mantener nuestras experiencias en nuestro corazón y que nuestra consciencia puede ser
un espacio receptivo, suave y abierto para todo lo que experimentamos.

A veces la práctica espiritual de la atención plena se
siente árida o seca. Parece conducir a una actitud distante y
sin sentimientos en cuanto a lo que nos rodea. Dicha actitud
surge cuando confundimos la atención plena con el temor
sutil, la distancia emocional, la resistencia psíquica y los
juicios de la mente. Afortunadamente, la práctica de la atención plena se corrige a sí misma: el esfuerzo repetido por
atender a lo que ocurre en el presente con el tiempo nos
revela la tensión sutil que acompaña una actitud distante. Si

logramos identificar claramente cuando la práctica se vuelve árida entonces tenemos una señal que nos ayuda a reestablecer una presencia más suave y tierna. O como alternativa podemos aceptar el sentimiento de aridez, pero con ternura.

Muchos tenemos corazones llenos de ansiedad, temor, aversión, tristeza, y un sinnúmero de armaduras psicológicas. Pero la atención plena nos ayuda a disolver estas defensas pues produce en nosotros una consciencia que acepta lo que se nos viene sin reacciones automáticas dañinas. La práctica funciona de manera cíclica; se refuerza a sí misma. Primero fomenta un ambiente abierto en nuestra consciencia que contribuye a reducir nuestros temores y defensas. La reducción del temor de por sí nos da tranquilidad y nos permite mayor ternura en nuestros corazones. Como consecuencia bajamos más las defensas. Y así, gradualmente, mientras practicamos de corazón adquirimos mayor capacidad para ser abiertos y atentos a nuestro ambiente.

A medida que los patrones neuróticos se desvanecen, los juicios, las críticas y la resistencia se atrofian y la necesidad que tenemos de definirnos por medio de identidades rígidas se relaja. Cuando esto ocurre empieza a relucir por si sola la bondad innata del corazón.

Las tendencias que todos tenemos de ser personas conscientes, felices, compasivas, y libres viene del corazón bondadoso. A medida que nos conectamos con esas intenciones y permitimos que motiven la práctica espiritual de la atención plena, la práctica se siente más y más como algo que sentimos en el corazón. El maestro Tailandés de la meditación Ajahn Chah dijo que todas las cosas ocurren en el corazón. En la práctica de la atención plena permitimos que nuestro corazón sostenga dentro de si todo lo que surja en nuestras vidas.

Todo lo que experimentamos está precedido por la mente,
Guiado por la mente, hecho por la mente.
Habla y actúa con una mente corrupta
Y el sufrimiento le sigue
Como la rueda de una carreta le sigue a la pezuña del buey.

Todo lo que experimentamos está precedido por la mente,
Guiado por la mente, hecho por la mente.
Habla y actúa con una mente pacífica
Y la felicidad le sigue
Como una sombra que nunca se va.

KARMA

Un concepto fundamental de la práctica espiritual Budista es que en cada momento presente hay un potencial inmenso para despertar y liberarnos del sufrimiento. El momento presente es el único sitio donde existe la creatividad necesaria para alcanzar la liberación. La noción Budista del "Karma" está estrechamente ligada a dicha creatividad.

"Karma" no se refiere a vidas anteriores; ni es una ley de la predeterminación. Si alguien considera que la felicidad ya está predestinada no se da lugar a sí mismo para tener influencia sobre su propia felicidad o su propio sufrimiento. Pero la práctica espiritual incluye la posibilidad de elección. Es decir, nuestros actos no están predeterminados. El Buda enfatizó que si tenemos una idea muy estricta del karma, estaríamos negando nuestra libre voluntad para escoger lo que deseamos.

El Buda dijo, "Yo lo que llamo Karma es intención." Mejor dicho, Karma tiene que ver con lo que escogemos intencionalmente en el presente. Como hemos visto en secciones anteriores, cuando practicamos la meditación apreciamos el presente y nos relajamos en él. Pero el presente también constituye un momento de acción donde escogemos los pasos que hemos de tomar hacia el futuro. Entre más atentos estemos y más claro vemos las alternativas que tenemos por delante más libertad y creatividad tendremos al escoger.

El momento presente está constituido en parte por los resultados de lo que decidimos hacer en el pasado y en parte por el desenvolvimiento de lo que escogemos hacer en el momento actual. Lo que experimentamos en el futuro, sea en el momento siguiente, o en el día siguiente, o en la década siguiente está formado en parte por lo que escogemos en relación a nuestra situación presente. Nuestros actos con nuestro cuerpo, nuestra habla y nuestra mente tienen consecuencias futuras; el tomar estas consecuencias en cuenta nos ofrece una guía importante en las opciones de nuestras acciones.

Los resultados de lo que decidimos hacer no siempre son predecibles pues no son fijas ni mecánicas. Desde luego que la manera en que actuamos tiene la tendencia a producir ciertas consecuencias. Pero no siempre resultan las mismas. Hay muchas posibilidades y muchas variables que pueden generar resultados no calculados. A veces las consecuencias quedan sumergidas en el amplio océano de causas y efectos de un mundo complejo. Sin embargo, el mundo tiene la tendencia a reaccionar de cierta manera cuando actuamos con codicia, odio o engaños, y de otra cuando actuamos con motivaciones de amistad, generosidad y de bondad.

Mientras que las consecuencias en el mundo externo son variadas, las consecuencias internas de nuestras acciones son mucho más claras, y sirven como un buen sistema de retro-alimentación para nuestras decisiones. Por ejemplo, es común sentir el resultado de nuestras intenciones--las consecuencias Karmicas--en nuestros cuerpos. Los hábitos acumulados de la codicia, la ira y el temor afectan nuestros músculos de cierta manera, mientras que la generosidad, la compasión y la reconciliación los afectan de otra. Es común que el *temor* propicia un estado de compresión o tensión porque el cuerpo se encoje para protegerse de un peligro percibido. Esta tensión muscular (que resulta de la intención de protegernos) puede pasar desapercibida, especialmente cuando es crónica. Pero aun cuando no la sentimos directamente, la tensión se va acumulando y a la larga genera malestar y daños a nuestros cuerpos.

Cuando meditamos, cesamos de responder al mundo de maneras acostumbradas. Más bien, observamos los impulsos de la mente: nuestros deseos, sentimientos, pensamientos e intenciones. En vez de actuar o reaccionar ante ellas, les ponemos atención minuciosa. Si no reforzamos esos impulsos mentales, entonces decaen y cesan de controlar nuestras vidas.

El mundo del sufrimiento y de la libertad tiene mucho que ver con la manera que escogemos responder a las circunstancias que se nos presentan en el momento presente. Las circunstancias no siempre son las deseadas. Pero, aun así, a través de la práctica de la atención plena abrimos nuestra mente al potencial creativo que existe en la manera en que elegimos. Si escogemos actuar con aversión, ira, temor o apegos entonces seguimos creando sufrimiento. Pero si respondemos con más atención, sin referencia a nuestros apegos egocéntricos, interrumpimos el ciclo del sufrimiento. La libertad necesaria para la creatividad no es posible si nuestras decisiones permanecen arraigadas en el egoísmo.

Por lo tanto el mundo del karma es el mundo de la intención, y nuestras intenciones están vinculadas al mundo del momento actual. No pertenecen a ningún otro momento. ¿Con que intenciones abordas el presente? ¿Cuáles son tus intenciones cuando desempeñas tu trabajo, cuando conduces un coche, o cuando tienes una conversación, o le haces a alguien un favor? Si pones atención cuidadosa y cariñosa a tus intensiones, como si cultivaras un jardín, florecerán hermosamente y darán fruto abundante en tu vida.

Si los seres supieran, igual que yo, las consecuencias de dar y compartir, no comerían sin antes haber compartido, y la mancha del egoísmo no abrumaría sus mentes. Aunque fuera su último bocado, no comerían sin antes haber compartido, si hubiese algún necesitado quien recibiera su dádiva.

Itivuttaka 26

LA GENEROSIDAD

La práctica de la generosidad, (la palabra generosidad en el idioma Pali es *dana*) tiene un lugar preeminente en las enseñanzas del Buda. Cuando el Buda formuló una serie de prácticas graduales para lograr el progreso espiritual, sugirió como primer paso la práctica de la generosidad. Basándose en este fundamento un adepto podría desarrollar a fondo una vida ética. Luego, según el Buda, el practicante debería aprender a serenar la mente. Después se proseguía a adquirir la sabiduría por medio de otras prácticas, las cuales, apoyadas por una mente serena y estable, conducirían a la iluminación. Como paso final, una vez que una persona había sido iluminada, el Buda le instaba a salir y prestar servicio a otros seres, es decir, a practicar la generosidad de nuevo. Como podemos ver entonces, el sendero Budista empieza y concluye con esta misma virtud.

La palabra *dana* se refiere tanto a la acción de ser caritativos como a la donación o el regalo mismo. El Buda también usó en su discurso sobre *dana* la palabra Pali *caga* que se refiere a la virtud interior de la generosidad. El uso de la palabra *caga* es especialmente importante pues también significa abandono, sacrificio y renunciamiento. El ser ge-

tir, el Buda consideró que el motivo más importante era lograr la iluminación o Nirvana. El Buda dijo "uno da obsequios para adornar y embellecer la mente." Es decir, al ser generosos cultivamos otras cualidades espirituales que conducen a nuestra iluminación. Entre estos adornos está el no-apego, la bondad, y la preocupación por el bienestar de los demás.

Algunos comparten lo poco que poseen,
Otros que son ricos no les gusta dar.
Una ofrenda que se da de lo poco que uno tiene
Tiene mil veces más valor que el regalo en sí.

Samyutta Nikaya 1.32

LA PRÁCTICA DE LA GENEROSIDAD

Existen dos maneras distintas de comprender la generosidad. Una es como una expresión natural y espontánea de una mente abierta y un corazón abierto. En dicho caso, si estamos relacionados de corazón con otras personas, no tenemos que decidir si vamos a ser generosos o no, el dar simplemente fluye de nuestro ser. Esta tipo de generosidad es común verla en una madre para con sus hijos. La segunda manera de entender la generosidad es como una práctica o un ejercicio al cual le ponemos empeño aunque no nos nazca con naturalidad.

Como práctica, no actuamos generosos simplemente porque nos parece ser algo virtuosos. La práctica tiene dos funciones muy importantes. Primero, nos ayuda a relacionarnos con otros seres y a la vez a conocernos a nosotros mismos. Al dar se establece una relación entre el que da y el que recibe, por lo tanto los actos de generosidad nos ayudan a aprender más sobre la calidad de nuestras relaciones y a la vez se vuelven más profundas. Esta es una consecuencia importante de la generosidad. Practicar la generosidad junto con la meditación nos asegura que nuestra práctica espiritual no se desarrolle desvinculada de los demás.

Segundo, a través de la práctica de la generosidad empezamos a entender dónde estamos cerrados o endurecidos, dónde nos limitamos, y qué nos causa temor. Descubrimos lo que nos impide ser generosos. Cultivamos la práctica de la generosidad para comprender dónde nos resistimos.

Cuando somos generosos a manera de práctica intencional, hay diferentes ejercicios útiles que podemos ensayar. Por ejemplo, podríamos pasar una semana buscando una persona necesitada para regalarle alguna suma de dinero. Fíjate qué pasa durante esa semana. ¿Qué pensamientos surgen en tu mente? ¿Cómo reaccionas cuando ves a un necesitado? ¿Cómo impacta tus sentimientos? ¿Qué aprendes sobre ti mismo en esta situación? El maestro Budista Jack Kornfield recomienda otro ejercicio que consiste en llevar a cabo cualquier impulso que sentimos de ser generosos, sea cual sea, durante un periodo de 24 horas. Si ésta práctica parece muy difícil podrías limitarte a dar obsequios o donaciones menores. Otra práctica podría ser la de regalar una suma definida, como un dólar, a cualquier necesitado con quien nos topemos en la calle por un tiempo definido.

La generosidad no se limita a dar bienes materiales. Podemos ser generosos con nuestra bondad y nuestra receptividad. Este tipo de generosidad no tiene que ver con la riqueza. La generosidad puede significar simplemente dar una sonrisa o prestar tiempo a un amigo para escucharle. Aunque parezca paradójico, el simple hecho de estar abierto a recibir la generosidad de otros puede ser una forma de generosidad. Otros se benefician cuando recibimos su generosidad con agrado.

También podemos dar el regalo de nuestra valent[...]
una cualidad que se va desarrollando a medida que madur[...]
nuestra práctica. Cuando arraigamos nuestra vida más y m[...]
en la ética, la sabiduría y el valor, podemos ser personas m[...]
compasivas, y por lo tanto otros seres tendrán menos razó[...]
para sentir temor de nosotros. En un mundo donde preva[...]
lece el temor, el valor es una contribución muy necesaria[...]
Una descripción bastante acertada de un ser iluminado es
que es alguien que ayuda a disipar el temor de otras perso[...]
nas.

Las enseñanzas Budistas enfatizan que la manera
que damos tiene la misma importancia que lo que damos[...]
debemos dar con respeto, con felicidad y alegría. Cuando
practicamos la generosidad y no nos trae gozo ni felicida[...]
entonces debemos examinar nuestros motivos para dar y
posiblemente re-evaluar si debemos seguir dando.

La libertad del Buda consiste en estar liberados d[...]
toda especie de apego, y el antídoto más obvio para el ap[...]
es el soltar aquello a que nos aferramos. Siendo que la prá[...]
tica de la generosidad involucra el soltar o dejar algo, es u[...]
buen ejercicio para aprender a renunciar al apego. Sin em[...]
bargo, el dar implica mucho más que soltar algo. También[...]
dar tiene que ver con el desarrollo de cualidades positivas
del corazón como la bondad, la compasión y la ternura. P[...]
lo tanto el dar nos lleva al centro de la práctica Budista, y
la vez nos ayuda a tener una práctica espiritual balancea[...]
centrada en el corazón.

De igual manera que un mercader cargando gran mercancía
en una pequeña caravana
Evita caminos peligrosos;
De igual manera que alguien que ama la vida
Evita el veneno:
Así también debieres evitar las acciones malvadas.
Dhammapada 123

VIRTUD: LOS CINCO PRECEPTOS

La práctica espiritual Budista se divide en tres categorías generales conocidas en Pali como *sila, samadhi y panna*. Se traducen respectivamente como virtud, meditación y sabiduría. Funcionan como las tres patas de un trípode y por lo tanto es esencial cultivar las tres para tener una vida espiritual balanceada. La sabiduría y la meditación no se desarrollan sin la virtud. El desarrollo y la comprensión de la virtud a su vez requieren la sabiduría y la meditación.

No existe una palabra en idiomas occidentales que por sí sola sirva como traducción para *sila*. Según su origen etimológico *sila* proviene de la palabra cama o lecho. No estaríamos equivocados en decir que *sila* es el lecho o el fundamento sobre el cual descansa el resto de nuestra vida espiritual. Tarde o temprano, cualquiera que empieza a desarrollar sensibilidad mental por medio de la meditación descubrirá que sin basarse en una vida virtuosa no logrará mucha profundidad.

Sila casi siempre se traduce como "virtud" o "ética," pero no debemos confundirlo con categorías occidentales de virtud o ética. En el occidente uno de los fundamentos tradicionales de la ética religiosa son los mandamientos Divinos. Estos mandamientos constituyen las reglas absolutas que debemos seguir en nuestra vida. Tal aproximación a la ética, especialmente cuando se le aplica literalmente, puede conducir al sentimiento de culpa exagerado, una emoción que se observa con frecuencia en el mundo occidental, pero que se considera innecesaria y contraproducente en el Budismo.

El Budismo interpreta las virtudes y la ética en términos pragmáticos, no en base a ideas del bien ni del mal, sino en base a la observación de que ciertas acciones conducen al sufrimiento y otras conducen a la felicidad y a la libertad. Un practicante Budista se pregunta: "¿Esta acción aumenta el sufrimiento o la felicidad en mí y los demás?" Este enfoque práctico es más apto a conducir a la investigación moral que al remordimiento.

El Buda formuló cinco preceptos que nos sirven como pautas para las virtudes y el comportamiento ético. 1) Abstenerse de quitar la vida, 2) Abstenerse de robar, 3) Abstenerse de conducta sexual dañina, 4) Abstenerse de mentir y 5) Abstenerse de estupefacientes o embriagantes como las drogas o el alcohol.

El Buda se refirió a estos cinco de diferentes maneras. A veces les llamaba las "cinco reglas de entrenamiento" (*pancasikkha*), en otras ocasiones les llamaba las "cinco virtudes" (*pancasila*), o a veces simplemente las "cinco cosas" o las "cinco verdades" (*pancadhamma*). La expresión "cinco cosas" puede sonar extraña pero posiblemente esa falta de precisión nos libera un poco de las ideas preconcebidas y exactas que tenemos de lo que es la ética y de su función.

Hay tres formas distintas de entender estas "tres cosas". En primer lugar, funcionan como reglas de comportamiento. El Buda no las consideró mandamientos divinos sino más bien "reglas para el entrenamiento espiritual." Voluntariamente nos sujetamos a ellas. El seguirlas promueve el desarrollo de la meditación, la sabiduría y la compasión.

Como son parte de nuestro entrenamiento los preceptos restringen nuestras acciones. El practicante declara: "por el bien de mi entrenamiento me comprometo a no matar, no mentir, no robar" etc. Es decir, aceptamos la contención de nuestros impulsos. En vez de seguir nuestra inclinación por matar un mosquito o robar un lapicero de la oficina, nos abstenemos y tratamos de aplicar la concentración plena a ese impulso dañino ante el cual estamos reaccionando. De dicha manera logramos frenar las reacciones automáticas que suscitan nuestros deseos. En vez de evaluar si las acciones son malas o inmorales, usamos las restricciones como si fueran un espejo para observarnos a nosotros mismos, para entender nuestras reacciones y motivaciones, y para reflexionar sobre las consecuencias de nuestro accionar.

Cuando seguimos las reglas de entrenamiento recibimos una poderosa forma de protección. Principalmente, los preceptos nos protegen de nosotros mismos, del sufrimiento que nos causamos y que causamos a otros al actuar con poca destreza y sabiduría espiritual.

En segundo lugar, el Buda describió los preceptos como si fueran principios de virtud. Las virtudes fundamentales que subyacen a los cinco preceptos son la compasión, el no causar daño, y la generosidad. Nos dejamos guiar por los preceptos a consecuencia de nuestra compasión, porque reconocemos el sufrimiento de otros, y porque creemos que existe la posibilidad de que otros sean liberados de su aflicción. También vivimos según los preceptos debido a la compasión que tenemos por nosotros mismos. Queremos proteger y nutrir nuestra propia vida. Por lo tanto, somos cautelosos y disciplinados en cuanto a nuestras intenciones, nuestras acciones, nuestras palabras y nuestros pensamientos.

Pero no queremos que los preceptos se conviertan en un ideal rígido y tiránico, o algo que oprima a los demás. Por lo tanto, los practicamos conjuntamente con el principio de no hacerle daño a otros seres. Podemos evitar el sufrimiento que puede generar la aplicación estricta o descorazonada de los cinco preceptos si nos preguntamos: "¿Esta acción causa daño a otras personas o a mí mismo?" Sería contradictorio practicar los preceptos cuando causan daño o abuso siendo que la comprensión del sufrimiento y el deseo de superarlo es precisamente lo que nos inspira a seguirlos.

Vivir según los cinco preceptos es en sí una acción generosa; al hacerlo damos el regalo maravilloso de protección espiritual a otros y a nosotros mismos. De hecho, una razón pragmática para aplicar los preceptos como reglas de restricción es para atraer la felicidad a nuestras vidas. Muchas personas meditan porque sienten la ausencia del gozo y la felicidad. Según el Buda una de las maneras más eficaces para cultivar y apreciar la felicidad es vivir vidas virtuosas.

En tercer lugar, el Buda habló de los preceptos como si fueran las cualidades del carácter de una persona. La persona que ha avanzado espiritualmente es alguien quien está dotado de las cinco virtudes. Se han convertido en características importantes que definen su forma de ser. Una vez que alcanza cierto nivel de iluminación simplemente le es imposible violar los preceptos. Seguir los preceptos es un resultado directo de haber alcanzado la libertad.

En resumen, las "cinco cosas" se pueden interpretar como reglas para el entrenamiento espiritual, como guías virtuosas para el comportamiento, o como descripciones del carácter de la persona iluminada. El mundo necesita más personas con las intenciones, la sensibilidad y la pureza del corazón que representan los cinco preceptos.

Que los preceptos sean fuente de felicidad para todos.

Mejor que cien años vividos
Sin comprensión y con descontrol,
Es un día vivido
Con sabiduría dedicado a la meditación.
Dhammapada III

INSTRUCCIONES BREVES PARA LA MEDITACION SENTADA

Siéntate en el piso o en una silla manteniendo la postura cómoda y alerta. Cierra los ojos delicadamente y centra la mente en tu propio cuerpo. Ahora, respira profundo dos o tres veces para establecer una conexión clara con el cuerpo y el aliento y para despejar la mente de preocupaciones menores que le aquejan. Luego, dirige la atención a la sensación física de inhalar e exhalar sin intentar manipular la respiración.

A medida que te familiarices con el ritmo de la respiración, fija tu atención en la parte del cuerpo donde es más fácil y evidente sentir el aire entrando y saliendo. Puede ser la expansión y retracción rítmica del abdomen, el movimiento del pecho, o la sensación del aire pasando por las fosas nasales. Con el fin de mantener la conexión entre la sensación física de la respiración y la consciencia, escoge una breve descripción de la inhalación y la exhalación que puedes repetir silenciosamente. Por ejemplo, "expansión" y "contracción" o "entra" y "sale." Repite las palabras de acuerdo al ritmo de la respiración.

Siendo que la meditación en la respiración nos tranquiliza y nos hace más conscientes del presente, le damos prioridad a la respiración durante la meditación sentada. En cualquier momento cuando caemos en las preocupaciones causadas por el parloteo mental, entonces suavemente, sin juzgarnos a nosotros mismos, restablecemos nuestra conexión mental con la respiración.

Sin embargo, cuando alguna otra sensación o experiencia se vuelve tan intensa que es difícil atender a la respiración, deja de lado la respiración y permite que las sensaciones fuertes pasen a ser el enfoque principal. En estos casos es útil distinguir entre lo que aparece en primer plano en nuestra mente y lo que aparece en un plano secundario. Inicialmente, pon la consciencia de la respiración en primer plano y haz que las otras sensaciones permanezcan en el fondo de la mente. Si puedes mantener la respiración en primer plano sin esforzarte mucho, permite que las otras sensaciones pasen a segundo plano. Cuando una experiencia mental, física o emocional despla zca la respiración en primer plano, entonces toma ésta como el nuevo enfoque de tu consciencia.

Una técnica para mantener la atención plena sobre la experiencia que está en el primer plano mental consiste en darle un nombre silenciosamente que podemos repetir cuando lo experimentamos. Por ejemplo, los sonidos los podríamos nombrar "escuchar-escuchar," una sensación de ardor podría ser "ardor-ardor," el sentimiento de felicidad podría ser "felicidad-felicidad," y así sucesivamente. Lo que importa es sentir y estar presentes completamente con la experiencia que nombramos. Fíjate cómo cambia tu experiencia. Una vez que dicha experiencia ya no predomina en la consciencia, o la has reconocido y ya no exige tu atención, entonces regresa la atención a la respiración.

Otra forma de describir la práctica de la atención plena es que conscientemente y con claridad ponemos nuestra atención en la respiración hasta que algo nos distrae. Cuando esto ocurre entonces la supuesta "distracción" se convierte en el nuevo enfoque de la meditación. En realidad la práctica de la atención plena no tiene distracciones, sino son sólo algo nuevo en cual podemos poner nuestra atención. Nada está fuera del ámbito de la atención plena. Todos los elementos de nuestra humanidad se despliegan a la luz de la atención plena. Todas las sensaciones físicas, sentimientos, emociones, pensamientos, estados mentales, estados de ánimo, e intenciones, están incluidas y ameritan nuestra atención minuciosa.

Cuando medites, mantén la atención suave y relajada, y a la vez alerta y precisa. Si logras distinguir entre las ideas, conceptos, imágenes e historias asociadas con alguna experiencia y el sentimiento directo e inmediato que tienes de la experiencia, entonces enfoca la atención sobre la experiencia directa. Fíjate en las sensaciones físicas y mentales que surgen de forma tangible en el presente. ¿Qué pasa con dichas sensaciones cuando le pones atención plena? ¿Se vuelven más fuertes, más débiles, o permanecen iguales?

Fíjate también en la relación que tienes con tus experiencias. ¿Hay aversión, deseo, aprecio, juicio, condena, temor, apego, orgullo o alguna otra reacción? Es útil distinguir entre tu experiencia y la reacción que tienes ante esa experiencia. Por ejemplo, si nos fijamos que la reacción que tenemos ante un dolor físico es diferente a la experiencia misma del dolor, eso nos puede ayudar a adquirir un balance interior en un momento de incomodidad. También es importante notar cuando nuestra reacción ante una experiencia es más fuerte que la experiencia misma. Si sucede, permite que el enfoque de tu consciencia repose en la reacción. No te dejes envolver en los pensamientos o las historias mentales que acompañan la experiencia. ("Una cita médica siempre es horrible.") Simple y silenciosamente permanece enfocado en las sensaciones mentales y corporales.

A medida que aprendemos a estar calmados y alertas durante la meditación, desarrollamos una relación más íntima con el mundo y con nuestro propio ser. Al cultivar nuestra habilidad de permanecer enfocados en la atención plena sin interferir, juzgar, evadir o apegarnos a nuestras experiencias directas, entonces las fuentes de sabiduría y de visión profunda tienen la posibilidad de salir a la superficie.

Cuando se cultiva y se desarrolla la atención plena de la respiración es fructífero y de gran provecho. Cuando se cultiva y se desarrolla la atención plena de la meditación se realizan los cuatro fundamentos de la atención plena. Cuando se cultivan y desarrollan los cuatro fundamentos de la atención plena se realizan los siete factores de la iluminación. Cuando se cultivan y desarrollan los siete factores de la iluminación se llega al conocimiento verdadero y a la liberación.

Majjhima Nikaya 118.15

ATENCIÓN PLENA DE LA RESPIRACIÓN

La meditación de la atención plena casi siempre empieza con un enfoque mental en la respiración. De hecho, la respiración es la base para muchas formas de meditación Budista. Mi maestro Zen en el Japón decía que la práctica de la atención plena de la respiración podría por sí sola ayudar al practicante a alcanzar la iluminación.

En las grandes religiones mundiales hay un sinnúmero de técnicas para la meditación basada en la respiración. Muchos de ellos recomiendan diferentes cambios intencionales en nuestro respirar: respirar largo y profundo; poner hincapié en la exhalación en vez de la inhalación; respirar rápido o despacio; respirar a través de la boca o de la nariz; pausar intencionalmente cada vez que respiramos; o dirigir la respiración a diferentes partes del cuerpo. En la práctica Budista no intentamos cambiar nuestra respiración. Más bien estamos atentos a la respiración tal como es, conociéndola sin importarnos su forma de ser: profunda o ligera, rápida o lenta, suave o forzada burda o refinada, tensa o relajada. En cuanto a la práctica se refiere no hay requisito para una respiración ideal. Si imponemos un patrón rígido a nuestra respiración podríamos perder la oportunidad de captar como nuestros patrones físicos, emocionales y espirituales se manifiestan a través de la respiración en su estado natural.

Debido que la mente tiene la tendencia a distraerse y a disiparse con los pensamientos y las fantasías, utilizamos la respiración como base para anclarnos en el presente. Cuando repetidamente enfocamos nuestra mente en la respiración contrarrestamos las fuerzas potentes de la distracción. Este ejercicio entrena la mente, el corazón, y el cuerpo a estabilizarse y a unificarse en una sola cosa, en un sólo lugar, y en un sólo tiempo. Si estás sentado meditando y a la vez estás pensando en lo que te pasó en tu trabajo hoy en día entonces tu cuerpo y tu mente no están en el mismo lugar ni en el mismo tiempo a la vez. Cuando estamos fragmentados de esa manera perdemos el sentido integral de lo que somos.

La atención plena de la respiración puede ser un poderoso aliado en nuestras vidas. Con una consciencia ecuánime en nuestra inhalación y exhalación, la respiración puede convertirse en algo constante y ecuánime que nos protege de los sube y bajas de la vida cotidiana. Al relajarnos y deleitarnos en el ritmo de la respiración es menos probable que nos dejemos enredar en eventos emocionales o psicológicos. Regresar a la respiración repetidamente sirve de entrenamiento muy efectivo para liberarnos de los patrones de identificación y apego que congelan la mente y el corazón.

Ya que nuestra respiración no es independiente de nuestra vida mental, y emocional, usualmente nuestros sentimientos, actitudes y preocupaciones se expresan en la manera en que respiramos. Los patrones de la respiración cambian según varían nuestras emociones. Cuando sentimos temor y tristeza nuestra respiración se constriñe. Con la ira la respiración puede ser pesada y forzada. Cuando tenemos paz y tranquilidad la respiración se relaja y fluye con facilidad. La raíz etimológica de la palabra "ansioso" es "ahorcar" y ahorcar o restringir es precisamente lo que hacemos con nuestra respiración cuando queremos controlar o reprimir excitación o estados de ánimo intensos. Recuerda que en la práctica de la atención plena simplemente nos fijamos en lo que está pasando sin emitir juicios sobre cómo debería ser nuestra respiración, el mundo, o nuestra vida interna.

Sin embargo, la atención, al igual que otros estados mentales, tiene su propia manera de afectar la respiración, a veces haciéndola más lenta y calmada, y a veces liberándola de nuestra contención. Si nos acordamos de estar conscientes de la respiración podemos lidiar más tranquilamente con situaciones difíciles. Esto es porque la atención en sí misma es útil bajo cualquier circunstancia, y porque el dirigir la atención a la respiración previene la rigidez tanto en nuestra respiración como en nuestras vidas.

El desarrollo y cultivo de la atención plena del cuerpo produce muchos frutos y beneficios.
Mahjjima Nikaya 119.2

EL CUERPO COMO CENTRO:
INSTRUCCIONES DEL BUDA EN CUANTO A LA PRÁCTICA DE LA ATENCIÓN PLENA DEL CUERPO

Yo no inicié la práctica Budista con la intención de descubrir mi cuerpo. No tenía idea que el cuerpo tuviera importancia alguna para la práctica espiritual, con la excepción de que al meditar debía reposar mi cuerpo sobre un cojín. Aun durante los primeros meses y años de mis esfuerzos en la meditación, cuando mi cuerpo manifestaba señas dolorosas de ciertas constricciones, tensiones y patrones psicológicos que aquejaban mi vida, yo estaba convencido de que estas dificultades físicas eran molestias solamente que se debían ignorar o superar, en vez de reconocer que eran la substancia esencial para el desarrollo de la práctica espiritual. A medida que mi cuerpo se ha convertido en una parte más central en mi experiencia, me he visto sorprendido una y otra vez por la manera que la consciencia, el amor y la compasión se manifiestan **en** y **a través** del cuerpo. He aprendido que la atención plena del cuerpo es el fundamento de la atención plena y es nuestro mejor aliado para integrar la práctica espiritual a la vida diaria.

El Buda mismo dijo: "Hay una cosa que si la cultivamos y practicamos con regularidad conduce a la intención espiritual profunda, a la paz, la atención plena y la comprensión clara, a la visión y el conocimiento, a una vida feliz en el presente, y a la culminación de la sabiduría y el despertar. ¿Y qué es esto? La visión plena centrada en el cuerpo." En otra ocasión el Buda dijo: "Si no cultivamos el cuerpo no podemos cultivar la mente. Si el cuerpo es cultivado entonces la mente puede ser cultivada."

Puedes hallar miles de libros escritos en el occidente sobre el Budismo que no hacen mención del cuerpo, dando la impresión de que el Budismo es una religión orientada solamente hacia el intelecto o la mente. En contraste con esta visión, yo considero que la práctica Budista, especialmente la práctica de la atención plena, es una invitación a experimentar nuestros cuerpos y a encarnar nuestra experiencia. Así como nos dice el libro clásico *Las Escritura Sobre los Cuatro Fundamentos de la Atención Plena*: "experimentar el aliento **en** el aliento, y el cuerpo **en** el cuerpo." El Buda se distanció de las especulaciones metafísicas, mostrando interés más bien en cómo experimentamos las cosas directamente a través de nuestros sentidos psicofísicos. Él enseñó que con el fin de despertar y de lograr la libertad espiritual todo lo que necesitábamos saber en cuanto al mundo se encontraba en el cuerpo. El Buda no rechazó la idea de un mundo externo objetivo, pero le dio más importancia a la función interna de los sentidos y de la percepción. Reiteradamente declaró: "dentro de este cuerpo humano, con sus percepciones y sentidos internos, se encuentra el mundo, la causa del mundo, la cesación del mundo, y el camino que lleva a la cesación del mundo."

Hace años, durante mis primeras prácticas de *Vipassana* en Tailandia, el maestro Achaan Buddhadasa dijo lo siguiente al comienzo de un retiro espiritual, "No hagan nada que los saque del cuerpo." Este consejo misterioso me acompañó durante el transcurso de mi retiro de diez días.

Comencé a darme cuenta con bastante precisión como mi centro de atención al igual que mi centro de gravedad estaban proyectados hacia delante, y que frecuentemente me inclinaba hacia delante cuando intentaba asir algo o identificarme con algo fuera de mí. Por ejemplo, inclinaba mi cuerpo cuando anticipaba la hora del almuerzo, o repasaba memorias de eventos pasados, o cuando hacía planes mentales para alguna actividad futura, o al sentir el deseo o aversión por alguna emoción o estado mental. Todas estas proyecciones contribuían al sentimiento de que yo no estaba centrado físicamente en mí mismo. Lo sentía con frecuencia, ya sea cuando inclinaba mi cuerpo hacia delante, o más sutilmente, cuando mi centro de gravedad se proyectaba hacia el frente. En el transcurso del retiro comencé a relajarme y a mantener el cuerpo con una postura vertical equilibrada. Entre más relajado y conforme me sentía dentro de mi propio cuerpo más captaba los movimientos físicos sutiles que me desequilibraban causados por los apegos y aversiones de la mente. Gradualmente iba aprendiendo que la atención plena del cuerpo es una de las mejores ventanas para adquirir una visión precisa de la vida interna.

En contraste con la filosofía occidental que separa el cuerpo y la mente, el Budismo considera que los dos están íntimamente conectados. Cuando reprimimos o suprimimos aspectos de nuestra vida cognitiva o emocional, nos desconectamos de nuestro cuerpo. La exploración y el despertar del cuerpo desde adentro por medio de la atención plena y la consciencia activa pueden resultar en el redescubrimiento de emociones suprimidas, en la capacidad más amplia para sentir las emociones, y en nuestra realización como seres *sensibles*.

La atención plena del cuerpo puede facilitar de gran manera nuestra capacidad para estar atentos a los sentimientos dolorosos y abrumadores que nos aquejan pues nos ayuda a comprender que el cuerpo es el recipiente de esas emociones. La psicología Budista enseña que las emociones casi siempre están encarnadas y por lo tanto se manifiestan en el cuerpo. Por ejemplo, el temor produce constricción estomacal, la ira casi siempre conduce a una cara encendida, la felicidad causa un cosquilleo o calor en el pecho, y la inquietud produce un sentimiento de energía fluyendo por los brazos. Cuando nos enfocamos en las sensaciones corporales producidas por emociones difíciles es más fácil estar consciente de ellas y permitir que la atención plena revele su profundidad.

La cultura occidental tristemente se ha empeñado en convencernos que el cuerpo es simplemente un objeto de manipulación. La "consciencia del cuerpo", ha llegado a referirse a la imagen externa que no sólo proyectamos pero que también creamos por medio de cosméticos, estilistas, la moda, las industrias de publicidad, y los gimnasios. Sin embargo la atención plena tiene la intención contraria de establecer una consciencia del cuerpo basada en el conocimiento interno. Este mundo interno subjetivo es la fuente de nuestra vitalidad. Cuando vemos el cuerpo como mero objeto perdemos la conexión con ese sentimiento de vitalidad.

Cuando empezamos a comprender el proceso de sentir el cuerpo desde adentro nos vamos dando cuenta que el cuerpo en si es un proceso y una experiencia, y no solo una cosa o un "objeto." La tradición Budista distingue entre diferentes tipos de "cuerpos": el "cuerpo de energía," el "cuerpo de felicidad," el "cuerpo de transformación," el "cuerpo Karmico," el "cuerpo de diamante," y el "cuerpo de consciencia." Cuando meditamos podemos experimentar todos estos cuerpos. A veces el cuerpo lo sentimos como un fluir de energía y a veces lo sentimos como un campo de atención momentáneo que abarca toda nuestra consciencia.

Cuando los estudiantes de *Vipassana* desarrollan la atención plena del cuerpo están contrarrestando las fuerzas culturales externas y las tendencias psicológicas internas que refuerzan la imagen del cuerpo sólido y objetivo. Por ejemplo, ciertos patrones psicofísicos habituales como la constricción del estómago, de los hombros o de las mandíbulas funcionan como armadura ante las experiencias aterradoras o dolorosas y crean un sentimiento falso o ilusorio de solidez corporal. Pero a medida que madura nuestra práctica de la atención plena del cuerpo aprendemos a confiar más y más en nuestras experiencias internas, nuestra consciencia, y nuestra capacidad para permanecer presentes sin constricción corporal incluso en los estados de ánimo y circunstancias difíciles.

Es importante reconocer que la práctica de la atención plena no conduce al rechazo de todo tipo de imagen del cuerpo o de auto-imagen. El Budismo nos enseña a ser flexibles. La consciencia puede tener experiencias que exigen una imagen saludable de nuestro cuerpo y otras sin necesidad de imagen mental alguna de lo que somos. Existen momentos en que tener una auto-imagen firme es crucial en nuestras vidas, y otras en que se convierte en una gran limitación. Por ejemplo, es importante tener un concepto positivo del cuerpo para mantener la salud física. Pero también es importante ir cambiando nuestra imagen del cuerpo al transcurrir de los años aunque nos duela tener que hacerlo. Recuerda que el apego rígido a un estado mental puede causar mucho sufrimiento. La práctica de la atención plena nos ayuda a lograr flexibilidad y libertad a través de diferentes estados mentales.

La meditación tiende a ayudarnos a relajar los conceptos rígidos de nuestra identidad. En este caso si nos mantenemos pendientes de nuestro cuerpo podemos estar abiertos al mundo pero sin perder el sentido de estar centrados. El cuerpo es un buen amigo pues ofrece cuantiosa información sobre cómo nos afecta una vivencia y cómo estamos reaccionando ante cualquier situación que confrontamos. Una reacción muscular podría indicar, por ejemplo, que debemos ser cuidadosos ante algún peligro o podría indicar que estamos demasiado ansiosos ante una situación que en la realidad nos favorece. Estas señales corporales ayudan a impedir que nos perdamos en las sensaciones expansivas que acompañan al relajamiento o las sensaciones constrictivas que pueden acompañar un sentimiento de temor o pena.

Es importante permanecer centrados en el presente y el cuerpo es un valioso termómetro para ayudarnos a medir lo que está ocurriendo en la actualidad. Así será menos probable que nos dejemos llevar por las situaciones externas, las personas que nos rodean o el mundo interior de los pensamientos y de las emociones.

En la tradición Budista Theravada hay muchos estilos de práctica de la atención plena. Algunos se enfocan exclusivamente en el cuerpo. Otros incluyen diversos aspectos de nuestra humanidad—los sentimientos, las emociones, los pensamientos, los estados mentales y las experiencias mentales. Sin embargo, la atención plena del cuerpo sigue siendo el fundamento principal de todas las prácticas. En el texto *Los Cuatro Fundamentos de la Atención Plena*, bajo el tema "El Fundamento del Cuerpo," el Buda incluyó al aliento, a todo tipo de sensaciones corporales, la postura física, al cuerpo en medio de la actividad, y a la exploración sistemática del cuerpo en su totalidad. Yo considero que es más fácil comprender los otros tres fundamentos de la atención plena una vez que despertemos y estabilicemos nuestra consciencia del cuerpo.

Varias corrientes de la tradición Mahayana también enfatizan la importancia del cuerpo. Algunos textos de Mahayana insisten de manera entusiasta que "el cuerpo en sí es *Bodhi* (despertar)." Un canto tántrico dice, "Aquí en este cuerpo están los ríos sagrados: aquí están el sol y la luna y los sitios de peregrinaje también. No me he encontrado con un templo más dichoso que mi propio cuerpo." La tradición japonesa Zen también afirma la importancia de la participación consciente del cuerpo en la práctica. El maestro Zen Dogen enseñó que la práctica Zen involucra la unificación del cuerpo y de la mente. El escribió "la atención plena **sobre** el cuerpo es la atención plena **del** cuerpo."

Al final de cuentas la posición central que le otorga el Budismo al cuerpo no significa que debemos dirigir nuestra atención deliberadamente hacia el cuerpo como si la atención y el cuerpo fuesen dos cosas diferentes. Más bien, la atención plena del cuerpo es una invitación a que nos percatemos de la conciencia que ya está en el cuerpo. La práctica no consiste en dirigir o crear cosa alguna. El principio y el fin de la práctica consisten en despertar a lo que ya existe en nosotros-dentro del cuerpo, el corazón y la mente.

No hay fuego como la pasión,
No hay atadura como el odio,
No hay red como la ilusión,
No hay río como las ansias.
Dhammapada 251

LA ATENCIÓN PLENA DE LAS EMOCIONES

Uno de los beneficios de estar conscientes de nuestras emociones es que nos ayuda a tener sentimientos más directos y menos complicados. No existen emociones inapropiadas cuando practicamos la atención plena. Procuramos que los sentimientos se manifiesten sin ser interrumpidos por nuestras reacciones, nuestros juicios, nuestras evaluaciones, nuestras aversiones, nuestros deseos, nuestros apegos o resistencias.

En una ocasión el Buda le preguntó a un estudiante: "¿Si recibes un flechazo, sientes dolor?" El estudiante respondió, "Claro que sí." Luego le preguntó el Buda, "¿Si recibes un segundo flechazo, también te duele?" El estudiante replicó de nuevo, "Indudablemente." Entonces el Buda explicó, "En la vida no siempre podemos controlar la primera flecha. Sin embargo, la segunda flecha es nuestra reacción ante la primera. Esta segunda flecha es opcional."

Siempre y cuando estemos vivos las experiencias dolorosas son inevitables-así como la primera flecha. El condenar, juzgar, criticar, odiar o negar la primera flecha es parecido a ser herido por una segunda flecha. Muchas veces la primera flecha no está bajo nuestro control pero la flecha de nuestras reacciones sí lo está.

Muchas veces el sufrimiento significante que acompaña a una emoción no es la emoción en sí sino la manera que nos relacionamos a ella. ¿Pensamos que es inaceptable? ¿Pensamos que se justifica? ¿La odiamos? ¿Nos sentimos orgullosos de ella? ¿Nos da pena? ¿La emoción nos hace sentir tensos? ¿Tenemos miedo de cómo nos sentimos?

La atención plena por sí no condena nuestras reacciones. Simplemente percata honestamente lo que nos ocurre y nuestras reacciones ante dichas ocurrencias. Entre más conscientes y más familiarizados estemos con nuestras reacciones, más fácil se nos hace sentir las emociones directamente, sin complicaciones. Por ejemplo, el sentimiento de pérdida o luto o el sentimiento de júbilo, pueden experimentarse sin sentimientos de culpa, de ira, de remordimiento, o de vergüenza, y sin recriminación o reacción alguna. La libertad, en el sentido Budista, no significa vivir libres de los sentimientos sino estar libres de complicarlos.

La atención plena de las emociones tiene cuatro aspectos: reconocimiento, nombramiento, aceptación e investigación. No es necesario practicar las cuatro cuando se presente alguna emoción. Puedes experimentar con cada una para ver cómo contribuyen a una consciencia que no reacciona ante las emociones.

Reconocimiento

Un principio básico de la atención plena es que no podemos experimentar la libertad ni la amplitud en nuestro ser al menos de que captemos claramente lo que está ocurriendo en el ambiente externo y el interno. Pero el reconocimiento de ciertas emociones puede ser difícil. Posiblemente se nos ha enseñado que ciertas emociones son indebidas, o les tenemos temor, o simplemente no nos gusta sentirlas. Por ejemplo, cuando yo inicié la práctica Budista, me enojaba durante los retiros porque la meditación no producía la satisfacción que yo deseaba. Pero mi auto-imagen de una persona pacífica me impedía reconocer la ira. Esto mismo le puede ocurrir a otros meditadores que quieren dar la apariencia de estar calmados. Solamente cuando reconocí mi enojo empezó el retiro espiritual para mí. Entre más aprendemos a reconocer todos nuestros sentimientos, hasta los más sutiles, más familiarizados y cómodos estaremos con ellos y menos control tendrán sobre nuestras vidas.

Nombramiento

Una técnica muy beneficiosa para ayudar a mantenernos centrados en nuestra experiencia a cada instante consiste en nombrar mentalmente, de manera callada y tranquila, los sentimientos que se suscitan momento a momento como: "gozo", "ira", "frustración", "felicidad", "aburrimiento", "satisfecho", "deseoso", etc. El nombrar es una forma poderosa de impedir que nos identifiquemos con sentimientos fuertes. Hay muchas maneras que nos dejamos atrapar por las emociones: podemos sentirnos justificados al sentirlas, las condenamos, nos sentimos avergonzados por tenerlas, o nos sentimos cautivados por ellas. Pero si nombramos los sentimientos es más fácil dar un paso atrás, y mirarlos más objetivamente desde una perspectiva neutral: "Así son las cosas." Algunos cuentos populares cuentan que un dragón pierde su poder cuando se le da un nombre. De la misma manera las emociones pierden su poder sobre nosotros cuando las nombramos.

Aceptación

En la práctica de la atención plena permitimos que todos los sentimientos estén presentes, cuales quiera que sean. No significa que los aprobamos o los justificamos moralmente. Más bien, durante la meditación nos percatamos y aceptamos su presencia sin condición alguna. No por esto expresamos todas las emociones, pues pueden ser dañinas. Pero sí permitimos que fluyan en nosotros libremente, sin inhibiciones, resistencias o apoyo de nuestra parte. Una manera de facilitar la aceptación de las emociones consiste en analizarlas y entender que provienen de diferentes condiciones que han ocurrido conjuntamente. Por ejemplo, si tienes un percance al transportarte a tu trabajo, y además al llegar a la oficina el jefe te asigna una tarea que tiene gran urgencia, entonces puede que te sientas frustrado o enojado. Pero si el jefe te pide la misma tarea urgente después de una noche en que dormiste bien y recibiste buenas noticias sobre tus inversiones, entonces puede que te sientas emocionado o con ánimo de un buen desempeño. Si podemos analizar cuidadosamente cómo una emoción resulta de una serie de circunstancias es más fácil entender y aceptar como nos afecta y no la tomamos tan a pecho.

Investigación

El investigar una emoción significa que ponemos a un lado las ideas pre-existentes que podríamos tener de dicha emoción y la miramos tal cual es. Las emociones son eventos complejos, compuestos por sensaciones corporales, pensamientos, sentimientos, motivaciones y actitudes. La investigación no es meramente un análisis abstracto. Más bien es un ejercicio sensorial: usamos nuestros sentidos para ir penetrando en la experiencia presente de la emoción. En particular, es muy útil practicar la investigación de las sensaciones corporales que acompañan a una emoción. La correlación entre las emociones y sus manifestaciones físicas son tan poderosas que cuando resistimos o suprimimos una emoción, usualmente ocurre lo mismo con las sensaciones corporales. El adquirir una consciencia más minuciosa de nuestro cuerpo a través de la práctica de la atención plena también estimula nuestra capacidad para sentir las emociones. Si permitimos que el cuerpo sea el recipiente de una emoción es más fácil desconectarnos de los pensamientos que la acompañan--por ejemplo, de las historias, el análisis, o los intentos de arreglar alguna situación--y permanecer relajados en el momento presente.

La atención plena de las emociones nos ayuda a llegar al punto que ya no reaccionamos de manera habitual ante nuestros impulsos y nuestras emociones. Esa práctica nos sirve de base para empezar a analizar con sobriedad las situaciones que confrontamos y para tomar decisiones con sabiduría. La meditación Budista no tiene el fin de convertirnos en personas emocionalmente neutras. Al contrario, la meditación abre nuestra capacidad para sentir todo tipo de emociones y ser sensibles al mundo que nos rodea, pero sin que nos agobiemos por lo que sentimos.

La mente, difícil de controlar,
Aletea por doquier, según su parecer.
Es bueno domarla.
La mente disciplinada trae felicidad.

La mente, difícil de percibir, excesivamente sutil,
Aletea por doquier, según su parecer.
El sabio la controla.
La mente vigilada trae felicidad.

Dhammapada 35-36

LA ATENCIÓN PLENA DE LOS PENSA-MIENTOS

A veces las personas se imaginan que la idea de la meditación consiste en dejar de pensar—tener una mente silenciosa. De vez en cuando ese es el resultado de la meditación, pero no es necesariamente su propósito. Los pensamientos son una parte importante de la vida, y la práctica de la atención plena no está supuesta a hacerles la guerra. Recibimos más beneficio si tenemos una actitud amistosa con nuestros pensamientos que si los vemos como distracciones desafortunadas. Durante la meditación no arrestamos los pensamientos sino que superamos las preocupaciones que están entrelazadas con estos

La atención plena tampoco consiste en pensar en alguna cosa en particular. Más bien, es un proceso mental de observación, sin historias o narrativas, de todos los aspectos de nuestra vida. En los momentos en que predomina el pensamiento, la atención plena consiste en tener una consciencia clara y silenciosa de lo que estamos pensando. Un consejo muy práctico y tranquilizante lo recibí de alguien que dijo: "En lo que a la meditación se refiere, no hay nada en especial que valga la pena pensar." Los pensamientos van y vienen por voluntad propia, y el meditador no tiene que involucrarse con ellos. No estamos interesados en relacionarnos con el contenido de nuestros pensamientos. La atención plena consiste simplemente en reconocer que estamos pensando.

Durante la meditación, cuando los pensamientos son sutiles y están al trasfondo de la mente, o cuando los pensamientos espontáneos nos distraen de nuestra consciencia del presente, lo que podemos intentar es reanudar la atención plena de la respiración. Pero si nuestra preocupación por los pensamientos es tan fuerte que no logramos desligarnos de ellos, entonces la atención plena no se enfoca en la respiración sino en establecer una consciencia clara sobre el hecho de que el pensamiento está ocurriendo.

El pensamiento compulsivo se fomentado en gran parte por la identificación y la preocupación que tenemos con los pensamientos. Pero al observar claramente nuestros pensamientos, nos alejamos del ámbito de la identificación. Entonces el pensar se suaviza y se convierte en una corriente serena y callada.

A veces nuestro pensar es intenso y compulsivo aun cuando estamos conscientes de ello. En tal caso, es valioso observar cómo estos pensamientos ejercen un efecto físico y energético sobre el cuerpo.

Puede causar presión en la cabeza, tensión en la frente, constricción de los hombros, o un zumbido como si la cabeza estuviera llena de mil abejorros. Cuando esto ocurre permite que la atención plena sienta la tensión corporal, la presión o cualquier otra sensación física. Enredarnos en las historias mentales que acompañan a los pensamientos preocupantes es fácil, pero al percatarnos de la sensación física de nuestros pensamientos enfocamos la atención en el momento presente y no en las historias que acompañan los pensamientos.

Cuando un tema en particular aparece repetidamente en el pensamiento, lo más probable es que es un resultado de una emoción fuerte. En dicho caso no importa las veces que nos enfoquemos en la respiración, es probable que el tema continúe abrumándonos si no nos fijamos en el sentimiento que le origina. Por ejemplo, las personas que planean obsesivamente puede que se den cuenta que la necesidad constante de hacer planes resulta de la aprensión o la ansiedad. Si no se reconoce la ansiedad entonces esta agitación se convierte en una verdadera fábrica de producción de planes. Por lo tanto, si notas un patrón de pensamientos repetitivos, examina si puedes encontrar una emoción que lo motiva, y pon en práctica la atención plena de las emociones. La atención plena en sí no detendrá el pensar, pero sí le impone un freno al seguimiento compulsivo de los pensamientos. Así logramos ser personas más equilibradas. Las dimensiones físicas, emocionales, y cognitivas de nuestras vidas empiezan a trabajar conjuntamente.

Los seres son
Dueños de su karma
Herederos de su karma
Nacidos de su karma
Relacionados a su karma
Apoyados por su karma.
Cualquier karma que hagan, sea para bien o para mal,
De él son herederos.
Anguttara Nikaya V.57

LA ATENCIÓN PLENA DE LAS INTENCIONES

El budismo nos presenta un desafío: ¿será posible vivir una vida sin sufrimiento? Una de las formas más directas de traer tranquilidad y felicidad a la práctica de la atención plena y a nuestras vidas consiste en la exploración de nuestras intenciones. Si bien nuestras actividades tienen consecuencias tanto en el mundo externo como el interno, la felicidad y la libertad que el buda señaló corresponden al mundo interno de nuestras intenciones y disposiciones. Esta es una de las razones principales que el buda enfatizó el atender a nuestras intenciones.

La práctica Budista promueve una apreciación profunda por el presente, una característica que fortalece nuestra habilidad para responder con creatividad al momento en vez de actuar según nuestros hábitos y disposiciones. La atención plena nos da el poder de elegir nuestras acciones en vez de estar controlados por nuestros impulsos. Entre más entendemos nuestras intenciones, más libertad tendremos para escoger cual acción tomar. Las personas que no ven sus opciones no saben que las tienen. Tienden a reaccionar automáticamente, a ciegas, influenciados por circunstancias y acondicionamiento. Sin embargo la atención plena nos ayuda a fijarnos en nuestros impulsos antes de actuar, y por lo tanto nos da la oportunidad de decidir si debemos actuar y cómo debemos de actuar.

Según las enseñanzas tradicionales del Budismo, cada momento mental contiene una intención. Quiere decir que nuestras elecciones tienen un trasfondo extraordinariamente sutil. Pocos de nosotros mantenemos nuestros cuerpos quietos al menos de que estemos meditando o durmiendo. Cada uno de los movimientos constantes de nuestros brazos, manos y piernas está precedido por impulsos volitivos, casi siempre desapercibidos. Las intenciones están presentes aún en decisiones minúsculas y generalmente ignoradas como a qué le prestamos atención o a cuál pensamiento le damos seguimiento. De la misma manera que las gotas de agua terminarán llenando una tina, así también la acumulación de muchas elecciones moldea las personas que somos.

Nuestras intenciones--percibidas o desapercibidas, obvias o sutiles-- contribuyen o a nuestro sufrimiento o a nuestra felicidad. El jardín que cultivas depende de las semillas que plantas y el agua que riegas. Mucho tiempo después de que se comete una acción, los rastros y el ímpetu de las intenciones que estaban tras la acción funcionan como una semilla que acondiciona y moldea nuestra felicidad o infelicidad. Si cultivamos intenciones de codicia o de odio, el sufrimiento que conllevan brotará tanto en el momento en que seguimos esas intenciones como en el futuro por medio de hábitos dañinos, tensiones y memorias dolorosas. Pero si nutrimos intenciones de amor y generosidad, la felicidad y la receptividad que corresponden a su naturaleza serán más frecuentes en nuestras vidas en el futuro.

Algunas de nuestras acciones voluntarias en realidad obstaculizan el despertar de nuestra consciencia. Un ejemplo de ello sería la mentira intencional. El temor de ser descubiertos, causa la necesidad continua de mentir de nuevo para tapar la primera mentira, y la evasión de la verdad refuerza la preocupación y la ansiedad mental, lo cual daña el progreso de liberar la mente.

Una función importante de la atención plena es la de ayudarnos a comprender las consecuencias de nuestras acciones a corto y largo plazo. La comprensión contribuye a que nuestras decisiones sean más sabias que las que hubiéramos tomado solamente en base a nuestros gustos y preferencias. Tener un sentido realista y bien informado de las consecuencias de nuestras acciones asegura que las buenas intenciones no se conviertan en intenciones ingenuas o simplistas. La atención plena también nos ayuda a reconocer cuáles decisiones apoyan nuestra vida espiritual y cuáles son contraproducentes.

Podemos aplicar el conocimiento de nuestras intenciones a la práctica de la atención plena de diversas maneras. Quizás el más importante es el de reflexionar cuidadosamente sobre nuestras intenciones profundas. ¿Cuál es el deseo más íntimo de tu corazón? ¿Qué es lo que más valoras o cuál es tu más alta prioridad? Si aplicas la práctica de la atención plena a los aspectos profundos tendrá un resultado diferente que si lo aplicas a preocupaciones superficiales. Si un comerciante inicia la práctica de la atención plena solamente con la intención de reducir su estrés para superar a otros comerciantes sembrará semillas muy distintas que una persona que medita con el objetivo de desarrollar su sentido de compasión y servicio para los demás. Cuando el esfuerzo por lograr la atención plena está alimentado por la codicia, este mismo esfuerzo fortifica la tensión y la insensibilidad de la codicia. Cuando el esfuerzo está alimentado por el amor bondadoso, entonces se estimula la sensibilidad y la receptividad del amor bondadoso.

Yo considero que la práctica diaria de la meditación sentada es de supremo beneficio. Pero creo que tiene aún más provecho dedicarle un espacio todos los días a la reflexión sobre nuestras intenciones más profundas. Cuando llevamos una vida muy ocupada es fácil olvidar nuestros valores y motivaciones fundamentales. Si hacemos el esfuerzo por recordarlos permitimos que nuestras decisiones estén informados por ellos. Además, cuando miramos más allá de los anhelos y las aversiones superficiales de nuestra mente y examinamos las inclinaciones más profundas podemos aprovechar la poderosa inspiración y motivación que nos brindan. Por ejemplo, en una ocasión hice el esfuerzo de reflexionar sobre mis intenciones en todos los quehaceres diarios, con la intención de aplicar las intenciones más profundas a cada una de ellas. Aún las actividades más mundanas como el ir de compras a la tienda se convirtieron en una oportunidad para fortalecer la intención de conectarme con otros seres humanos de manera cariñosa y compasiva. Esta práctica tan sencilla me ofreció enorme felicidad.

Otra manera de incluir las intenciones en nuestra práctica espiritual consiste en pausar brevemente antes de cualquier actividad, dándonos tiempo para examinar nuestras intenciones. El conocer nuestra intención después de haber actuado es valioso pero es como parar un balón después de haberlo lanzado. La dirección y la velocidad ya se han determinado.

Una actividad valiosa consiste en investigar las intenciones que están tras las actividades y decisiones importantes relacionadas al empleo, las relaciones interpersonales, y los pasatiempos. ¿Cuáles son nuestras motivaciones y que tienen que ver con nuestras intenciones más profundas? De manera parecida podemos investigar las intenciones en cuanto a asuntos menores como lo que comemos, cuánto comemos, cómo conducimos un automóvil, qué libros leemos y qué vemos en la televisión. ¿De qué manera estamos afectados por el temor, la aversión, la soledad, o la adicción? ¿Tomamos decisiones en base a la generosidad y el trato sabio para nuestros propios cuerpos y nuestro ser? Las motivaciones diversas no son necesariamente malignas pero se distinguen por las consecuencias que generan.

Intentar analizar todas nuestras intenciones puede ser abrumador. Por lo tanto es mejor enfocar con más detalle sobre una sola actividad. Por ejemplo, podrías pasar una semana reflexionando sobre tus intenciones relacionadas al alimento, el ir a las tiendas o la limpieza del hogar.

Posiblemente una de las aplicaciones más significativas de la atención plena de las intenciones tiene que ver con el habla. Muchas veces hablamos sin la más mínima reflexión. El poner atención a las múltiples motivaciones detrás de nuestras palabras nos provee una vista poderosa para examinar el corazón. Es rara la vez que nuestras conversaciones funcionan solo para presentar información o para expresar afecto. Las palabras están muy ligadas a nuestra auto-imagen, a como nos gustaría que otros nos vieran, y a nuestros anhelos y temores. El lograr distinguir entre intenciones sanas y dañinas puede proveer un criterio sabio para determinar cuándo debemos hablar y cuándo debemos guardar silencio. Nuestras palabras pueden apoyar o minar nuestra vida espiritual de gran manera.

La atención y la intención son bases fundamentales de la práctica espiritual Budista. No quiere decir que el Budismo exige un esfuerzo sin fin de auto-monitoreo. La preocupación constante por nuestra persona puede ser agotadora y egoísta, más no así cuando practicamos estar conscientes. Entre más claridad y más sabiduría adquirimos en cuanto a nuestras intenciones más nos comprendemos, más calmados nos sentimos y mejor podemos actuar para el beneficio de los demás.

Seguir el camino de la atención plena hasta el fin— es decir, hasta la cesación del sufrimiento y la liberación— requiere mucha dedicación. Entre más sabios somos en cuanto a las intenciones que motivan nuestra práctica espiritual, más beneficio tendrá este gran esfuerzo.

Que comprendas con sabiduría las intenciones del corazón y que la comprensión sirva para aliviar el sufrimiento por doquier.

Así como una abeja extrae el néctar de una flor
Y se va sin causarle daño a su color o su fragancia,
De igual manera el sabio debe andar por este mundo.
Dhammapada 49

CONVIRTIÉNDONOS EN NATURALISTAS

Por medio de la atención plena aprendemos a estar presentes con las cosas tales como son. Cuando lo hacemos es de mucho provecho asumir la actitud de un naturalista. Un naturalista simplemente observa la naturaleza sin intervenir ni imponer su punto de vista. Si un lobo devora un venado el naturalista simplemente observa sin imponer juicio alguno. Si una flor hermosa brota de una planta el naturalista resiste el impulso de cortarla y llevarla a casa.

Durante la meditación nos observamos de igual manera que un naturalista observa la naturaleza: sin reprimir, negar, agarrar defender o entrometer. Observamos nuestra tristeza, depresión, temor, alegría, felicidad, dolor y placer directamente. El naturalista asume una perspectiva de respeto por lo que observa. La palabra "res-peto" es un sinónimo apto para la práctica de la atención plena porque su significado etimológico literal es "mirar de nuevo."

Muchas veces complicamos las observaciones que tenemos de nosotros mismos cuando tomamos las cosas personalmente. Lo que experimentamos o sentimos lo relacionamos con lo que somos o con nuestra identidad. Claro que muchas cosas pesan emocionalmente sobre nuestras vidas: la tristeza y el gozo, los problemas y la buena fortuna, las emociones y los pensamientos de toda especie. Pero cuando tomamos estas experiencias personalmente permitimos que nos definan. Por ejemplo, si siento ira hago la conclusión que "yo soy una persona iracunda." O, una acción generosa de mi parte me hace concluir que "soy una persona generosa." O si recibo un rechazo considero que "soy una persona mala." La tendencia de tomar las cosas personalmente parece natural y de poca consecuencia. Pero en realidad complica innecesariamente nuestra relación con la realidad. Empezamos a confundir nuestras percepciones con nuestro sentido de identidad, nuestra auto-imagen y las expectativas personales.

Desde la perspectiva naturalista no estamos observando "**mi** ira" ni "**mi** generosidad." Más bien observamos "**la** ira" o "**un** impulso generoso." Este cambio de perspectiva puede ser de gran beneficio especialmente cuando se trata del dolor físico. Cuando lo tomamos muy personalmente, "**mi** dolor" fácilmente conduce a sentimientos pesados de responsabilidad, de agobio y de embrollo con el dolor. Cuando lo vemos como "**el** dolor" es más fácil permanecer libres de la aflicción y más ligeros en nuestro sentir.

Otra forma en que complicamos nuestras vidas ocurre cuando le asignamos un valor de bien o mal a nuestras experiencias. Para el naturalista no hay experiencias malas o buenas. El mundo natural simplemente se desenvuelve tal como es. Cuando practicamos la meditación de la atención plena no necesitamos juzgar nuestras experiencias como si fueran malas o buenas. Simplemente observamos las cosas como son y cómo se van desenvolviendo.

Al cultivar una perspectiva naturalista desarrollamos nuestra capacidad para ser personas "no-reactivas." Desde la perspectiva "no-reactiva" es más fácil explorar cómo reaccionar sabiamente bajo cualquier circunstancia. Una vez que vemos y analizamos alguna situación con claridad, puede que concluyamos que es necesario involucrarnos. Por ejemplo, el naturalista puede decidir que necesita arrancar una planta que está destruyendo el sistema ecológico. De la misma manera, cuando observamos con calma nuestra ira o nuestra codicia, podríamos tomar la decisión de desarraigarlas.

Debido a que los seres humanos poseemos facultades maravillosas que nos permiten observar y reflexionar, podemos observar y a la vez, ser objeto de observación. Podemos ser tanto el naturalista como la naturaleza. Somos la naturaleza observándose a sí misma. Por medio de nuestra capacidad para ver las cosas claramente, somos la naturaleza que se libera a sí misma.

La persona que antes fue inatenta
Pero que ya no lo es,
Ilumina al mundo,
Como la luna liberada de las nubes.
Dhammapada 172

VIVIR DE ACUERDO CON LA NATURALEZA

Toda práctica espiritual involucra cambio, o el deseo por el cambio: cambiar de un estado de sufrimiento a uno gozoso, de un estado agitado a uno calmado, de un corazón cerrado a un corazón abierto y compasivo. Cuando las personas empiezan en el sendero espiritual el deseo o a veces la necesidad de cambiar es muy clara. A la inversa, en algunas prácticas Budistas avanzadas el deseo por el cambio puede ser tan sutil que pasa casi desapercibido. Por ejemplo, podríamos aprender la práctica de aceptar las cosas tales como son, sin buscar cambio alguno en nuestra vida interior. Pero aún en esta práctica hay cambio, de un estado mental ansioso que no acepta las cosas a otro estado mental que acepta las cosas con tranquilidad.

Es importante reflexionar sobre nuestra relación con el proceso de buscar un cambio. ¿Hay formas saludables o no saludables de producir un cambio? Una manera de pensarlo consiste en distinguir entre cambios que acuerdan con la naturaleza y cambios que resultan como consecuencia de las acciones del ego.

Considera como un jardinero experto apoya el crecimiento de una flor. El jardinero no apresura el brote de la semilla para que crezca ni abre los pétalos de la flor con la mano para que florezcan. Más bien las nutre con paciencia, las protege, y permite que crezcan según su naturaleza.

De la misma manera, muchas de las cosas que sostienen nuestra vida ocurren sin necesidad que intervengamos conscientemente. Por ejemplo, el cuerpo tiene una forma de protegerse que la mente jamás logrará comprender. La mente consciente no puede controlar todo lo que se relaciona con el latir del corazón, la circulación de la sangre o el funcionamiento del sistema inmune. ¡Lo que hace el cuerpo sin nuestra mente consciente es realmente impresionante! Nuestra función en este proceso es simplemente el de nutrir y proteger.

En contraste con este desenvolvimiento natural están los cambios impuestos por el ego, como consecuencia de nuestra inseguridad, temor, hostilidad, codicia o ambición. Y debido a nuestra capacidad fenomenal para generar ideas abstractas, logramos imponer nuestro mundo de ideas sobre la naturaleza en vez de ser pacientes y permitir que la naturaleza por si sola nos muestre qué es lo que necesitamos y cómo podemos trabajar de acuerdo con lo que nos enseña. Por ejemplo, un concepto que imponemos sobre nuestra experiencia es la idea de que las cosas son permanentes y estáticas. Pero esta tendencia nos pone en posición adversa a los procesos normales de la naturaleza que son transitorios y fugaces. Este concepto puede ser especialmente valioso cuando se trata de la comprensión y aceptación de los límites y la evolución de nuestros cuerpos. Otro concepto que puede reprimir la expresión de nuestra naturaleza es una auto-imagen muy rígida, que conduce al autoritarismo en nuestro comportamiento. Bajo esta fórmula todas nuestras acciones las sometemos a evaluación: "qué debo de hacer y qué no debo de hacer."

Yo creo que la práctica espiritual se desenvuelve con más fluidez y normalidad cuando actuamos de acuerdo con los ritmos y las pautas naturales. Una metáfora útil para describir esto es la de un río. Entrar de lleno a la vida espiritual es parecido a lanzarnos a una corriente que conduce al mar. Lo único que tenemos que hacer es lanzarnos al río. La confianza, la persistencia, la atención plena, la claridad y la sabiduría nos ayudan a permanecer a flota. Una vez que estamos flotando, el río nos conduce sin esfuerzo alguno al mar. Si luchamos contra el río contra la corriente, nos agotamos por no seguir el movimiento natural del agua.

La metáfora del río es muy diferente a la metáfora popular de muchas religiones que asemeja el sendero espiritual al ascenso de una montaña. Esta metáfora sugiere que la vida espiritual requiere un esfuerzo difícil, constante, deliberado, costa arriba, que se presta a una espiritualidad impulsada por el ego. El viaje es arduo y no todos pueden llegar a la cumbre. Los picos de la montaña son estrechos y no dan cabida a muchos. En contraste, el mar es enorme y hay espacio para todos.

La metáfora del río expresa una práctica espiritual que está de acuerdo con la naturaleza y con la verdad. No quiere decir que la práctica espiritual no requiere esfuerzo de nuestra parte. Un río caudaloso exige que pongamos atención a la navegación para que no nos salgamos de la corriente y para evitar chocar contra las rocas y ser sacudidos por los remolinos. La práctica requiere atención plena e investigación, apoyada por la calma y la estabilidad interna para descubrir los procesos de la naturaleza y aprender cómo trabajar en armonía con ellos. Esto significa que a veces tenemos que permitir que el crecimiento espiritual ocurra sin intervención de nuestra parte. Nuestra mente consciente puede que ni entienda qué parte debe desarrollar. Al igual que una flor que necesita agua y fertilizante, nuestra vida interna se abre de maneras inesperadas cuando está lista, si la nutrimos pacientemente con atención, compasión y aceptación.

Para trabajar conjuntamente con la naturaleza debemos estudiarla a fondo. Una de las formas de hacerlo es el de examinar las diferentes maneras que trabajamos en contra de la naturaleza como cuando somos críticos, hostiles, demasiado exigentes, apresurados, poco bondadosos, o tacaños.

Otra forma de estudiar la naturaleza es por medio de la atención plena del cuerpo. Después de todo, nuestros cuerpos son una expresión directa de la naturaleza. El cuerpo es posiblemente nuestra conexión más íntima con la naturaleza. Estar atentos plenamente al cuerpo es estar interesados en lo que el cuerpo manifiesta internamente y en lo que busca expresar. Muchas de nuestras voliciones, deseos, temores, aspiraciones, entendimientos, y emociones residen en el cuerpo. Cuando resistimos la naturaleza congelamos estas manifestaciones en el cuerpo. Pero al mismo tiempo si las actualizamos ciegamente también vamos en contra de la naturaleza.

Actuar en armonía con la naturaleza significa descubrir que *somos* naturaleza. En el Budismo hay una expresión que dice: "Aquellos que practican el Dharma están protegidos por el Dharma." Otra forma de decirlo es que los que practican de acuerdo con la naturaleza están protegidos por la naturaleza. Los que practican según la verdad a la vez están protegidos por la verdad.

Que todos estén protegidos por la naturaleza.

Yo llamo auriga
A aquel que mantiene controlada
La cuadriga tambaleante de un enojo que surge.
Otros simplemente sostienen las riendas.
Dhammapada 222

TRABAJANDO CON EL ENOJO

Frecuentemente observamos una tensión entre las enseñanzas Budistas relacionadas al enojo y los conceptos occidentales al respecto. Cuando doy una charla en cuanto al tema, "cómo trabajar con el enojo, cómo no dejarnos controlar, y cómo soltarlo," inevitablemente alguien dice: "Yo no creo que el enojo siempre perjudica ni que tenemos que evitarlo. El enojo puede desempeñar un papel útil en nuestras vidas. En ciertas situaciones es necesario, como cuando nos anima a protestar ante alguna injusticia." Pienso que estos comentarios ocurren debido a una premisa equivocada. Muchos se imaginan que la palabra "enojo" significa lo mismo en idiomas occidentales que en el Budismo. Pero con frecuencia se refiere a experiencias muy distintas.

La palabra Budista *dosa*, que casi siempre se traduce como "enojo", podría traducirse con mayor exactitud como "hostilidad," una característica que puede estar presente en una amplia gama de emociones desde las aversiones menores hasta la furia descontrolada. Mientras que en idiomas como el inglés y el español la palabra enojo puede incluir la hostilidad, no siempre es el caso. En el occidente existe una larga tradición de aceptar diferentes formas de enojo que no necesariamente contienen hostilidad, por ejemplo, una protesta ante la injusticia.

Dosa es un sentimiento que hace arder a la persona que la vive. Las enseñanzas Budistas clásicas asemejan el estar enojado con una persona que tiene un pedazo de carbón ardiente en la mano. Para el budista nunca se justifica que nuestras acciones sean controladas por *dosa* porque *dosa* produce sufrimiento que la práctica Budista está diseñada a aliviar.

Un texto Budista clásico dice que *dosa* es como "la orina mezclada con el veneno." En la India antigua se consideraba que la orina poseía valores medicinales; era desagradable pero beneficiosa. Pero cuando la orina se mezcla con el veneno, el medicamento desagradable se convierte en algo dañino. Así mismo, una voz que lanza un "**No**" rotundo ante una injusticia es beneficiosa aunque sea desagradable. Pero un "no" vigoroso mezclado con hostilidad es como mezclar la orina con el veneno.

Dosa mantiene a otras personas alejadas de nuestro corazón, de nuestra bondad y de nuestro cariño. No necesariamente tenemos que evitar el enojo, pero si tenemos que cuidarnos de no cerrar nuestro corazón.

¿Cómo podemos trabajar con esta emoción tan complicada? La meditación puede ser de mucho provecho. Cuando meditamos podemos experimentar nuestro enojo sin inhibiciones, juicios, o interpretaciones. Es de mucho alivio aprender a presenciar nuestro enojo tranquilamente sin que sintamos la necesidad de evitarlo ni de abordarlo. De hecho, la meditación puede ser el sitio más adecuado para experimentar el enojo, pues podemos permitir que fluya libremente en nosotros sin condenas ni aprobación hacia nosotros mismos o los demás.

Cuando tenemos la atención plena no-reactiva como base mental podemos investigar el enojo profundamente por medio de nuestro cuerpo, nuestras emociones y nuestros pensamientos. Cuando examinamos el enojo con calma aprendemos mucho sobre nuestra vida interna.

El enojo tiende a expresarse hacia algún objeto, hacia otras personas, otros eventos, o aún hacia partes de nosotros mismos. Pero cuando meditamos retiramos la mirada del objeto externo que nos enoja y enfocamos hacia adentro para estudiar la fuente de nuestro enojo y el sentimiento subjetivo de estar enojados.

Una manera de investigar el enojo es por medio de las sensaciones corporales. El enojo con frecuencia produce sentimientos de calor, tensión, un corazón palpitante o contracciones musculares. La respiración puede ser pesada o veloz, y el latido del corazón fuerte. Siendo que estas sensaciones son directas e inmediatas, ponerles atención ayuda a disminuir la preocupación con el objeto de nuestro enojo y con la historia mental que provee el motivo de nuestro malestar. También nos ayuda a estar centrados en el presente, condición que nos permite sentir el enojo más directamente.

Retirar nuestra atención del objeto del enojo es de suprema importancia porque aunque las condiciones que conducen a nuestro enojo pueden ser variadas, las causas *directas* del enojo hostil se encuentran en nosotros mismos. Estas causas incluyen la aversión, la avaricia, el resentimiento, el temor, las actitudes defensivas, y otras reacciones a veces innecesarias que muchas veces son el origen del dolor más agobiante en una situación difícil. Existe un refrán que dice: "Un enemigo puede herir tu cuerpo: pero si quiere hacerle daño a tu corazón tienes que permitir que el enojo te consuma."

El enojo cargado de hostilidad a veces ocurre cuando reaccionamos con defensas o ataques ante algo que nos duele o nos causa gran impacto. En vez de lidiar con sentimientos incómodos como la tristeza, la soledad, el temor, la desilusión, o el dolor dirigimos nuestro enojo hacia un objeto externo, hacia otra persona o paradójicamente hacia nosotros mismos. Aprender a explorar nuestro dolor con integridad, sin reaccionar ante los eventos mentales y las sensaciones corporales, es un paso importante hacia la libertad.

En mi vida he aprendido que el enojo tiene dos causas primarias: el temor y el dolor. Cuando me enojo, si me es posible y es apropiado, me retiro de la situación e intento tomar consciencia de lo que está pasando dentro de mí. Si logro ubicar el temor o el dolor subyacente, entonces regreso a la situación y me involucro en el problema desde el punto de vista de alguien que ahora reconoce honestamente su dolor o temor. Las conversaciones que resultan de esta nueva perspectiva casi siempre son más benéficas, en parte porque ya no estoy culpando y atacando a los demás. Como consecuencia, la postura defensiva y las reacciones negativas de las otras personas disminuyen. Incluso, puede que estén más dispuestos a reconocer su responsabilidad por lo que está ocurriendo.

El enojo casi siempre funciona como una señal. La atención plena nos ayuda ver qué es lo que está señalando. A veces esta señal muestra que algo en el mundo externo necesita nuestra atención. A veces indica que algo en nuestro mundo interno no está bien. De igual manera el enojo es una señal que comunica que alguien está sufriendo, y ese alguien eres tú. Siéntate quieto en el epicentro de tu enojo y descubre la libertad de tu sufrimiento.

Para aquel que está despierto, no confuso,
Cuya mente no está contaminada,
Y quien ha abandonado tanto las buenas obras como las malas,
No existe el temor.

Dhammapada 39

TEMOR

Cuando nos dedicamos a la práctica espiritual, empezamos a descubrir hasta qué grado la aprensión y el temor están presentes y controlan nuestras vidas. Gran parte de nuestra existencia está determinada inconscientemente por sentimientos de temor, aprensión, ansiedad, pavor, preocupación, y desconfianza. El temor es la raíz de muchos tipos de sufrimiento psicológico, y una de las funciones importantes de la práctica de la atención plena consiste en estudiarlo, entenderlo, y aceptarlo lo suficiente para que no vivamos bajo su influencia.

Es obvio que el temor es debilitante, especialmente cuando impide nuestra participación en actividades normales. Pero son debilitantes también nuestros esfuerzos por evitar, ignorar o resistir el temor. Sería aconsejable, por lo tanto, seguir el ejemplo del Buda. Antes de convertirse en un Buda (Buda significa un "Ser Despierto"), incluyó el temor en su práctica cada vez que lo sentía. Nosotros podemos hacer lo mismo. Podemos aprender a practicar espiritualmente con el temor y sobreponernos a su influencia debilitante, aunque no desaparezca el temor en sí.

La atención plena que se centra en el temor comienza cuando nos familiarizamos con sus manifestaciones directas y obvias. No tratamos de aplicarle psicoanálisis, ni de identificar sus diferentes capas, ni de determinar su origen. Nuestra tarea como practicantes de la atención plena es más inmediata. Consiste en observar directamente lo que está delante de nosotros.

Es común reaccionar ante nuestras experiencias gradualmente, por etapas o generaciones. Supongamos que empiezo con el temor de fracasar en alguna tarea. Como segunda reacción siento temor a mi temor, y luego me enojo conmigo mismo porque le tengo temor a mi temor. Después estoy avergonzado conmigo mismo porque tengo enojo, y al fin de cuentas me siento culpable porque debería ser más maduro. Y así paso a paso vamos enredándonos en nuestras reacciones emocionales.

Muchas veces vivimos muy distantes de la experiencia directa del temor. Estamos viviendo más bien en la reacción decimocuarta o decimoquinta, o posiblemente ¡la número ciento cincuenta! El propósito de la atención plena es la de ayudarnos a estar despiertos en el sitio exacto donde nos encontramos, aunque sea en la reacción ciento cincuenta, en vez de seguir disgustados con nosotros mismos o perplejos en cuanto a nuestras reacciones. Tratamos de aceptar la última reacción; no complicarla más, de tener una relación simple y directa con lo que está ante nosotros. A medida que la atención plena gana fuerza en nuestras vidas, empezamos a despertar más y más pronto, hasta que llega el momento en que nos despertamos en la primera reacción.

Cuando trabajamos con el temor durante la meditación, no siempre es necesario confrontarlo directamente, especialmente si nos abruma o produce trauma. Más bien, podemos intentar calmarnos en su presencia. Como hemos recalcado en capítulos anteriores una de las formas clásicas de calmarnos consiste en enfocarnos en la respiración. Entre más se enfoca la mente en la respiración, menos se ocupa del temor, y como consecuencia el temor pierde algo de su fuerza.

Cuando adquirimos la suficiente calma como para sentirnos libres de las garras del temor, podemos empezar a investigar sus causas. En dicho caso la presencia del temor es muy útil. Durante la práctica de la atención plena no intentamos negar o deshacernos de nuestro temor pues eso aumentaría su efecto. Más bien, lo exploramos, lo sentimos, y llegamos a entenderlo como un experto. Cuando asumimos el papel de investigadores nos sentimos menos agobiados y se provocan menos emociones como el enojo, la vergüenza, el desconsuelo y el temor secundario. Cuando observamos los pensamientos y las sensaciones del cuerpo con calma apartamos nuestra mente del dominio del temor y nuestra identificación con el temor disminuye.

Una de las formas principales de investigar el temor consiste en sentirlo en el cuerpo. Sentimos mariposas en el estómago, nerviosismo, tensión o contracción estomacal. A veces el temor está acompañado por un doloroso sentido de vulnerabilidad. Si el temor es muy fuerte, es difícil permanecer atentos y presentes con el sentimiento directamente. En tal caso, respira *con y a través* de tu incomodidad, como si el aliento fuese un masaje. Respirando con las sensaciones puede ayudarnos a transitar por el temor sin sentirnos atrapados.

Si tenemos suficiente estabilidad en nuestra meditación para enfocarnos directamente en las sensaciones del cuerpo asociadas con el temor es más fácil desconectarnos de las historias y las ideas que lo activan. Casi siempre durante la meditación, estas historias son irrelevantes a lo que está pasando en el momento. Cuando mantenemos en nuestra consciencia las sensaciones corporales creamos un espacio para experimentar el temor, y esto permite que la sensaciones corporales se manifiesten y luego disminuyan. La tensión y la constricción empezarán a desvanecer si las sostenemos delicadamente en nuestra consciencia.

A veces el temor tiene poco que ver con un peligro inminente. Más bien provienen de una idea, un supuesto de lo que nos podría pasar en el futuro. La imaginación tenebrosa alimenta el temor, las preocupaciones y la ansiedad. Podemos utilizar la práctica de la atención plena para aprender a identificar pensamientos y temas comunes que propician el temor.

Cuando empezamos a reconocer estos pensamientos y las suposiciones que las causan entonces podemos preguntarnos si esas suposiciones provocadoras son válidas. En mi vida personal la práctica me enseñó que yo tenía temor de eventos futuros que al fin de cuentas ni siquiera llegaban a ocurrir. Por ejemplo, en una ocasión me pasé dos días preocupado por una junta, que al último minuto se canceló. Esta misma experiencia la tuve muchas veces y me fui dando cuenta que tanta preocupación era una pérdida de tiempo. Cuando aprendí que lo que me imaginaba casi nunca resultaba siendo cierto, le perdí confianza a mis predicciones pesimistas. Este tipo de sabiduría sólo resulta cuando experimentamos algo repetidamente. Por lo regular tenemos que familiarizarnos con algo antes de podernos liberar de esto. Este es el caso con la preocupación.

Otra forma de aplicar nuestra práctica al temor consiste en examinar las creencias que lo apoyan. Frecuentemente son profundas y fueron generadas en tiempos que casi no recordamos. Por ejemplo, una persona que está crónicamente preocupada por las opiniones de los demás, puede que aprendió de niño que tenía que ser cierto tipo de persona y actuar de cierta manera para ser aceptado por los demás. O posiblemente no estás consciente de que nuestra auto estima depende totalmente de cómo nos miran los demás. La práctica de inspeccionar y luego cuestionar estas creencias les contrarresta algo de su poder sobre nosotros.

El Buda también enseñó que la práctica del *amor bondadoso* (traducción de la palabra *metta* de la lengua pali*)* puede servir de antídoto para el temor. Si no logras mantener la mente estable cuando sientes temor, puedes meditar por un rato sobre el amor-bondadoso. Los sentimientos y pensamientos positivos dirigidos a otras personas crean un espíritu de calma y una mente más espaciosa. Después puedes regresar e investigar de nuevo el temor.

Por medio de la práctica de la meditación y de la atención plena estamos aprendiendo a remplazar el temor con la confianza, no como un ideal o un concepto abstracto, sino como un sentimiento de auto-confianza que proviene del conocimiento a fondo del temor. Muchas personas le tienen temor al temor, sienten aversión, y por lo tanto no admiten la experiencia del temor en sus vidas. Pero si experimentamos el temor sin evasiones a la postre nos damos cuenta que es posible hacerlo sin sentirnos agobiados. Esta habilidad no se adquiere a fuerzas, o porque nos declaramos muy valientes, sino al descubrir con la práctica que es posible tener una mente tranquila en medio de situaciones temerosas.

La sociedad, las experiencias de vida y los pensamientos nos han inculcado a muchos la idea de que no debemos confiar en nuestro estado natural. Por lo tanto nos apartamos de lo que somos, fingimos ser personas diferentes y descartamos la validez de nuestras experiencias. Pero al practicar la atención plena estamos aprendiendo a no obstruir ni controlar nuestros sentimientos, sino a descubrirlos y a permanecer presentes con ellos. Cuando los sentimos plenamente y les damos lugar empezamos a ver cómo funcionan. A la vez aprendemos que nuestra vida emocional y nuestras reacciones están bajo nuestro control. No están impuestos externamente.

A medida que exploramos el temor a fondo, la tranquilidad y la confianza aumentan en otras dimensiones de nuestra vida. Perderle temor al temor produce una verdadera liberación. Incluso, sería justo decir que el proceso de "despertar espiritualmente" ocurre simultáneamente con el crecimiento de estas áreas de confianza. La Liberación se puede entender como una área de confianza que se expande sin cesar.

Es posible aprender a confiar en la consciencia, en la vida misma, sin defensas, sin soportes artificiales, sin puntos de vista u opiniones. En la tradición Budista a las personas que han logrado este nivel de tranquilidad se les conoce como "aquellos que hacen desvanecer el temor." Estos Iluminados contribuyen a otros el don de la valentía. La valentía no implica necesariamente que ya no hay temor. Es una cualidad positiva que puede existir conjuntamente con el temor, pero que supera las limitaciones que el temor impone. La valentía puede ser una contribución muy profunda para aquellos que viven cohibidos o amedrentados. Cuando desarrollamos la capacidad para ser valientes, lo hacemos no sólo para el beneficio propio sino para el de los demás seres.

Que todos los seres sean felices.
Que vivan seguros y gozosos.
Todos los seres vivientes,
Débiles o fuertes,
Altos, corpulentos, medianos o pequeños,
Conocidos o desconocidos, cercanos o distantes,
Ya nacidos, o por nacer,
Que todos sean felices.

Verso del Metta Sutta - *Sutta Nipata I.8*

METTA

La palabra *metta,* que comúnmente se traduce como *amor bondadoso,* es una de las prácticas más importantes del Budismo. Esta palabra tiene sentidos diversos y profundos. Significa simpatía, buena voluntad, hermandad, compañerismo, y amigabilidad. Dicho simplemente, *metta* es el anhelo sincero por el bienestar de uno mismo y de todos los seres. Al describir *metta,* el Buda utilizó la analogía del cuidado y la atención que le brinda una madre a su hijo único. El amor bondadoso está muy próximo al corazón cuando el corazón se suaviza y se identifica con la felicidad y la tristeza del mundo.

El amor benevolente también se refleja en la amigabilidad que manifestamos como consecuencia natural de un corazón abierto. No es coincidencia que la palabra pali *mitta,* que significa amigo, es similar a *metta.* Pero *metta* es más que una amistad convencional, pues incluye tener el corazón abierto aún con los enemigos, cultivada quizás por la comprensión de que compartimos la misma humanidad.

La práctica de *metta* consiste en el desarrollo de nuestra capacidad para manifestar amor y bondad. *Metta* no tiene que ver con generar pensamientos positivos hacia otros ni la auto-imposición de una actitud positiva artificial. Ni siquiera es indispensable sentir amor ni bondad durante la práctica de *metta*. Más bien, meditamos sobre nuestras intenciones, tan fuertes o débiles que sean. Fundamentalmente, la práctica del amor benevolente consiste en la expresión de nuestros deseos por el bienestar y la felicidad de nosotros mismos y de los demás.

Con la práctica de *metta* regamos las semillas de nuestras intenciones benevolentes así como el agricultor irriga sus campos. Cuando cultivamos las intenciones sanas en vez de las dañinas desarrollamos las tendencias sanas en nuestro ser. Si las semillas no reciben agua no crecerán. Cuando las regamos regularmente con nuestra práctica, crecen, a veces de manera inesperada. De este modo se puede dar el caso que el amor bondadoso se convierte en la motivación imperante en una situación que antes nos hubiera provocado ira o temor.

El reconocimiento y la expresión de la buena voluntad tienen el efecto de suavizar nuestro corazón. A veces evoca sentimientos de amor, ternura y calidez. En otras ocasiones cuando el corazón se suaviza surgen emociones difíciles y dolorosas que han estado enterradas. Una de las funciones importantes de la práctica del amor universal benevolente es el de permitir que estas emociones salgan a la superficie a su debido tiempo.

Cuando se nos hace difícil expresar intenciones bondadosas con nosotros mismos y con los demás la práctica de *metta* nos ofrece un punto de referencia muy valioso para entender que es lo que estamos sintiendo. La ausencia del amor benevolente nos sirve como un aviso, no de que nos debemos criticar, sino que debemos tranquilizarnos y poner atención más cuidadosa a lo que verdaderamente está ocurriendo.

Las prácticas del amor bondadoso y la práctica de la atención plena se apoyan mutuamente. La práctica de *metta* apoya a la atención plena porque nos enseña a tener una relación amistosa y compasiva con todas nuestras experiencias, por difíciles que sean. La atención plena complementa el amor bondadoso pues la protege de que no se convierta parcial o sentimental. *Metta* promueve nuestras relaciones afectuosas con otros. La atención plena nos ayuda a mantener relaciones balanceadas con límites apropiados con otros seres humanos. La atención plena nos conduce a la libertad; el amor bondadoso asegura que nuestro progreso en el camino hacia la libertad no ocurra estando distanciados de otros seres.

Así como una madre pondría en riesgo su propia vida,
Para proteger a su hijo único,
Así mismo debemos cultivar un corazón sin límites hacia
todos los seres vivientes,
Cubriendo el mundo entero con amor bondadoso.

Parados o caminando, sentados o acostados,
Durante todo momento que estemos despiertos,
Permanezcamos conscientes de este corazón, y esta forma
de vida,
Que es el mejor en el mundo.
Metta Sutta ~ Sutta Nipata I.8

INSTRUCCIONES BREVES PARA PRACTICAR LA MEDITACIÓN DEL AMOR BONDADOSO

Empieza la práctica de la meditación del amor bondadoso sentándote de manera cómoda y relajada. Respira profundo dos o tres veces, y espira de manera lenta y completa. Deja ir cualquier inquietud o preocupación. Por unos minutos siente el aliento o imagínate que el aliento está fluyendo a través del centro del pecho—cerca del corazón.

Cuando comenzamos la práctica, dirigimos *metta* hacia nosotros mismos, porque muchas veces se nos dificulta amar a otros sin antes amarnos a nosotros mismos. Sentado en silencio repite en tu mente de manera lenta y rítmica las siguientes frases o frases similares:

Que yo sea feliz.
Que goce de buena salud
Que yo esté seguro y protegido
Que yo esté en paz y en calma

Mientras que repitas las frases permite que tu consciencia penetre profundamente en las intenciones que están tras las palabras. La meditación del amor bondadoso tiene el propósito de producir una identificación entre nuestro corazón y la intención de desearle felicidad a otros seres y a nosotros mismos. Si surgen sentimientos de cordialidad, amistad o amor en el cuerpo o la mente, ábrete a ellos para permitir que se fortalezcan a medida que repites las frases. Como un estímulo para la meditación puedes mantener una imagen cariñosa de ti mismo en la mente. Esto ayuda a reforzar la intención expresada en las frases.

Después de dirigir el amor bondadoso hacia ti mismo piensa en un amigo o en una persona que en el pasado te demostró gran compasión o cariño. Ahora repite las frases del amor universal benevolente, esta vez considerándolos a ellos:

Que sean muy felices
Que tengan vidas saludables.
Que estén seguros y protegidos.
Que estén en paz y tranquilidad.

Mientras que recitas las frases medita profundamente sobre la intención y el sentido que manifiestan. Si surgen sentimientos de amor bondadoso, únelos con las frases de manera que los sentimientos crezcan.

Después que profundices en la meditación, empieza a considerar a otros amigos, vecinos, conocidos, extraños, animales, y finalmente a personas con las cuales tienes dificultades. Puedes usar las mismas palabras, o puedes crear frases distintas que representan con más exactitud el amor bondadoso que sientes hacia esos seres. El propósito siempre es el mismo, el deseo sincero del bienestar para ellos.

Además de estas formas simples de practicar *metta*, que usualmente tienden a ser más personales y creativas, existe un método clásico y sistemático que consiste en una práctica intensa de meditación. Debido a que esta meditación clásica es bastante elaborada casi siempre se desarrolla durante periodos intensivos de práctica de *metta* durante retiros.

A veces durante la práctica del amor bondadoso salen a relucir sentimientos aparentemente discordes como la ira, la congoja, o la tristeza. Tómalo como s señales de que tu corazón comienza a suavizarse, y que te está revelando lo que contiene. Si te es muy difícil lidiar con estos sentimientos puedes cambiar el enfoque y virar la mente a la práctica de la atención plena, o si no puedes intentar aceptarlos con toda la bondad, paciencia y compasión que te sean posibles. Indudablemente que no es fácil. A veces es necesario consultar con un maestro espiritual. Ante todo no te autorecrimines por tener este tipo de sentimientos. Esto es normal en el proceso de abrir el corazón hacia el amor bondadoso o *metta*.

A medida que te familiarices con la práctica del amor bondadoso durante la meditación, empieza a utilizarlo en la vida cotidiana. Cuando te encuentres conduciendo un automóvil, o estés en tu sitio de empleo, o en cualquier lugar público dirige silenciosamente el amor bondadoso hacia los que te rodean. Podemos sentir un gran deleite cuando establecemos una conexión amistosa de corazón con amigos y extraños por igual.

Aunque explore el mundo entero con mi mente no descubro algo más querido que mi propio ser.
Los otros seres se valoran a sí mismos con igual fervor.
Por lo tanto no les hagas daño a otros si te quieres a ti mismo.
Samyutta Nikaya 3.8

LA COMPASIÓN: ENFRENTANDO EL SUFRIMIENTO SIN RESISTENCIAS

La compasión es uno de los ideales centrales de la práctica Budista. Pero si sólo lo vemos como una idea podríamos pasar por alto las circunstancias difíciles en que suele ocurrir. La compasión no se experimenta de manera abstracta. Surge cuando estamos en contacto con el sufrimiento tan directamente que nos sentimos conmovidos, sea por el sufrimiento nuestro o el de los demás.

Podemos enfrentar el sufrimiento con o sin resistencias. Resistir el sufrimiento equivale a enfrentarlo con temor, desespero, condena, timidez y proyecciones psicológicas. En tal caso nadie se beneficia. Todo queda sin resolver. Si proyectamos nuestros propios problemas, y tristezas sobre una persona que también está sufriendo, no sólo estamos en mala posición para ayudarles, sino que terminamos sintiendo pena, lástima y ansiedad que de ninguna manera les ayuda.

Cuando enfrentamos el sufrimiento sin resistencias, el sufrimiento no nos convierte en víctimas. Más bien nos motiva en dos sentidos. Por una parte, puede encender el deseo, incluso la pasión, por la práctica espiritual con el propósito de desenredar las raíces de nuestro dolor. Esto significa estar motivados a esclarecer nuestras resistencias, apegos y temores, y también nuestras dichas y virtudes. Por otra parte, nuestro contacto con el sufrimiento puede despertar el deseo compasivo de aliviar ese mismo sufrimiento. La palabra Budista que significa compasión, *karuna*, implica más que sentir empatía. Incluye el deseo y la motivación de eliminar el sufrimiento. Aun si no tenemos la habilidad para ayudar directamente a otra persona, nuestra comprensión y cariño pueden servirle de consuelo.

Visto como un ideal, *karuna* significa estar presentes con el sufrimiento sin negaciones, sin actitudes defensivas, sin aversión. Es difícil, pues nadie quiere confrontar el sufrimiento directamente. Por lo tanto, quizás lo primero que podemos hacer es comprender y tener compasión por el dolor que produce el intento por evitar el sufrimiento. Les propongo un ejemplo conmovedor en la experiencia familiar. En el caso de la muerte de un hijo o un padre un primer paso para comprender el dolor que causa su ausencia sería reconocer las formas en que tratamos de evitar su memoria. La buena disposición para permanecer presentes con lo que la vida nos ofrece, aun la muerte de un ser querido, es lo que inicia el proceso de disolver las tensión, el temor y la tristeza. Cuando nuestra compasión y nuestra presencia con estos eventos es sincera, el resentimiento se convierte en perdón, el odio se transforma en amigabilidad, nuestro enojo en bondad y la tristeza en paz. Pero si estamos perdidos buscando escapar por medio de las actividades, las ambiciones, o las fantasías la compasión no tiene la oportunidad de surgir.

A medida que aceptamos lo que somos y nuestro propio sufrimiento, empezamos a sentir más completamente el sufrimiento de los demás. La práctica de la atención plena nos ayuda a relacionarnos con los demás como nuestros iguales. Así no confundimos la compasión con la lástima, un sentimiento de pesar por los demás que nos pone en posición de superioridad.

El sufrimiento es una experiencia universal; abordarlo con compasión es una de las capacidades más nobles que tenemos los seres humanos.

No te despreocupes por el bien, pensando,
"No tendrá consecuencias para mí."
Así como un cántaro se llena de agua,
Gota a gota,
Un sabio se llena del bien,
Acumulándolo día tras día.
Dhammapada 122

PACIENCIA

En medio del frenesí de la vida cotidiana y en medio de nuestros esfuerzos por alcanzar diferentes metas como la eficiencia, y la auto-realización es fácil menospreciar la importancia de la paciencia. Pero cuando aprendemos que la visión clara, la paz, la compasión y el amor son incompatibles con las reacciones compulsivas, empezamos a entender por qué es tan importante cultivar la paciencia. Ser pacientes implica no dejarnos controlar por nuestras reacciones o nuestras compulsiones. La paciencia sirve como punto de apoyo muy importante para la práctica de la atención plena. Según el Budismo la paciencia tiene tres elementos tradicionales que proveen firmeza a la atención plena. Ellas son *la perseverancia, la paciencia aun cuando somos agredidos, y la aceptación de la verdad.*

La *perseverancia* se despliega por medio de una práctica espiritual moderada y constante que nos protege de sucumbir ante la duda, el desánimo y el temor. Si nuestra práctica no progresa conforme a nuestras expectativas es fácil desanimarnos. Por ejemplo, la meditación frecuentemente produce estados de ánimo agradables; pero si presumimos que podemos reproducir esos estados a voluntad estaríamos ignorando los subibajas inevitables de la vida y caeríamos en la desdicha. O quizás nos imaginamos que el progreso espiritual es constante. Pensamos que el sufrimiento disminuye a la par con el crecimiento de la paz y la concentración. En sí un periodo sin contrariedades en la práctica puede proveernos la fortaleza interior y la confianza para afrontar dificultades ignoradas por mucho tiempo. Es mucho más fácil mantener la práctica espiritual a largo plazo si reconocemos que no siempre progresa de manera constante, y según nuestras expectaciones. De ahí el valor de la *perseverancia*.

La *perseverancia* también es importante cuando la práctica progresa. Desgraciadamente, cuando las cosas van bien nos conformamos, y en medio de la felicidad y de la calma perdemos la dedicación. Una *perseverancia suave* nos permite practicar sin inmutarnos por las dificultades o por los frutos agradables de la vida espiritual. Esto es clave para que internalicemos la práctica de la atención plena hasta lo más profundo de nuestro ser.

El segundo tipo de paciencia es la *paciencia ante la agresión*. Quiere decir que no sucumbimos ante la ira, la agresión o el desespero cuando nos sentimos amenazados. Más bien permanecemos conscientes de nuestras reacciones y respuestas emocionales y buscamos formas más sabias de responder.

Pausar, siquiera un momento, antes de reaccionar es una manifestación poderosa de la paciencia. Una pausa puede darnos una mejor comprensión de la situación y de nuestras intenciones ante ella. A veces una pausa permite que algo maravilloso e inesperado surja, algo que no ocurriría si nos apresuramos a atacar, vengar, entrometer y controlar.

A veces las personas adquieren paciencia cuando encuentran un punto de vista nuevo que les permite comprender una situación adversa. Muchas veces somos egoístas; no se nos ocurre que otras perspectivas pueden ser igualmente o hasta más válidas que las nuestras. Por ejemplo, durante la lucha por los derechos civiles minoritarios en los Estados Unidos muchas personas estuvieron dispuestas a soportar abusos físicos, mentales y emocionales porque acataron esta situación agravante dentro de un contexto mucho más amplio. Es decir, tenían una perspectiva que incorporaba el sufrimiento y las aspiraciones de grupos oprimidos. Como consecuencia de su valor y perseverancia ayudaron a transformar a todo un país de manera pacífica.

El tercer tipo de paciencia consiste en *la aceptación de la verdad*. Esto significa estar dispuestos a analizar profundamente, sin titubeos, la verdad del momento y la verdad que se encuentra en lo más profundo de la realidad. Una de estas verdades, según el Budismo, es que en nuestra esencia no hay un ser o un "yo" constante que tenemos que defender o al que tenemos que apegarnos. Si logramos comprender que en el centro de todas las cosas no hay una substancia permanente sino un vacío luminoso y fluctuante, podemos empezar a perder el apego por un ideal consciente fijo de lo que somos. Es decir, empezamos a captar que el "yo" estático que proyectamos y defendemos ante los demás es imaginario. El yo es más bien algo sujeto a transformación. Pero para lograr esta comprensión espiritual se requiere la reflexión paciente, pues este tipo de conocimiento profundo le cuesta al ego aceptarlo. Preferimos defender una auto-imagen que nos sirve de protección en un mundo muy consciente de las imágenes que someter nuestra auto-imagen a la introspección meditativa. Muchas personas viven controladas por una visión limitada de sí mismos; puede ser aterrador dejar atrás dicha visión. La *aceptación paciente de la verdad* que nos ayuda a desechar algo tan importante es una característica positiva que se desarrolla conjuntamente con otras como la virtud, el discernimiento, la sabiduría, la resolución y el amor bondadoso.

La perfección máxima de la paciencia no es la de ser personas sufridas, capaces de aguantar y de evaluar situaciones repetidamente. Más bien, la paciencia se da cuando logramos eliminar las reacciones automáticas y habituales que tenemos hacia los desafíos de la vida. La paciencia en plena madurez se desenvuelve con naturalidad. Ocurre sin esfuerzo alguno.

El texto *Brahmana Samyutta* que se encuentra en el *Samyutta Nikaya* cuenta la historia de un hombre iracundo que insultó al Buda. El Buda le preguntó al hombre si acostumbraba tener visitas en su hogar. Sorprendido por el cambio de tema el hombre le respondió que sí. Luego el Buda le preguntó que si a veces le ofrecía de comer a sus visitas. Cuando el hombre le contestó otra vez que sí el Buda le hizo otra pregunta ¿qué pasaría si ellos rehusaban aceptar la comida? ¿De quién sería la comida entonces? El hombre replicó que era lógico que como no aceptaban su comida la comida aún le pertenecía. Entonces el Buda, de manera calmada, y me imagino compasiva, le dijo: "De igual manera, yo no acepto tus insultos. Por lo tanto permanecen contigo."

Siendo que la paciencia suprema ocurre sin esfuerzo, quizás lo opuesto a la impaciencia no es la paciencia sino el sentimiento de estar satisfechos o contentos. Al no tener que perseguir los caprichos del ego se nos da la oportunidad de descubrir una profunda satisfacción que se manifiesta en nuestra vida como una gran paciencia.

La sabiduría proviene de la práctica;
Sin la práctica se pierde.
Ya que conoces estas dos formas de ganarla o perderla;
Compórtate de tal manera que crezca.

Dhammapada 282

LA PERFECCIÓN DE LA SABIDURÍA

Al Budismo con frecuencia se le considera una tradición fundamentada en la sabiduría porque las prácticas que conducen a la iluminación se apoyan y expresan una comprensión profunda de la vida. La sabiduría es una de las diez virtudes o "perfecciones" que se cultivan en la práctica budista.

El Budismo distingue entre tres tipos de sabiduría, cada una de las cuales tiene su lugar en la vida espiritual: la sabiduría adquirida por el estudio, por la reflexión, y por la práctica de la meditación.

Algunos consideran que la sabiduría es el opuesto al conocimiento de los libros y por lo tanto devalúan el estudio. Pero en el Budismo el conocimiento que resulta del estudio se le respeta como un tipo de sabiduría. El estudio de las enseñanzas espirituales de maestros budistas y de otras tradiciones constituye una base valiosa para la práctica. El estudio puede incluir clases especializadas. Tradicionalmente en estas clases se memorizan escritos budistas. Mi experiencia como maestro es que cuando les pido a los practicantes que se memoricen textos o pasajes cortos pueden ocurrir cosas maravillosas. Un pasaje memorizado se procesa en la vida de maneras sutiles y variadas aparte de nuestro conocimiento intelectual. Por ejemplo, un verso se puede aparecer en la mente en un momento oportuno ante alguna ocurrencia o alguna crisis, y nos provee una nueva perspectiva en cuanto a las enseñanzas.

La segunda forma de sabiduría es la sabiduría reflexiva. La adquirimos cuando usamos nuestra capacidad para reflexionar sobre temas importantes de nuestra vida. La reflexión incluye, entre otras, las conversaciones con amigos, compañeros practicantes y maestros. A veces las personas consideran que la atención plena es opuesta a este tipo de reflexión pues la atención plena no es discursiva. Es decir, no se basa en el proceso de argumentación o razonamiento. Dicha actividad intelectual a muchos no les parece de carácter espiritual. Pero la tradición budista no considera que la reflexión y la atención plena son enemigas. Cada una tiene su lugar.

Cualquier tema es legítimo para la reflexión y debate, incluso los conceptos básicos de la tradición. En la práctica Budista se le considera valioso analizar, digerir y aún desafiar enseñanzas como las Cuatro Verdades Nobles, el Camino Noble Óctuple, la transitoriedad, el no-ser, karma y el surgimiento condicionado. Un tema tradicional importante sobre el cual los budistas también recomiendan la reflexión es el tema de la mortalidad. Hay un refrán que dice que "entre más viejos más sabios." Esta sabiduría puede provenir de la acumulación de experiencias, pero también recibe ímpetu cuando reconocemos a ciencia cierta que la muerte se aproxima. Cuando la realidad de la muerte se hace más vívida, se convierte en una fuente de sabiduría que puede esclarecer nuestras intenciones y prioridades. En vez de ser una preocupación morbosa, la reflexión sobre la muerte puede ayudarnos a vivir nuestra vida con más serenidad, valorando las cosas de mayor importancia.

La tercera forma de sabiduría ocurre como consecuencia de la práctica de la meditación. Consiste en una nueva comprensión de la realidad que resulta del desarrollo de ciertas cualidades en la mente como la atención plena que nos permiten investigar a fondo la naturaleza de nuestra experiencia. La mayoría de personas dan por hecho sus experiencias, relacionándose solamente con las apariencias superficiales. Casi no indagan sobre el trasfondo de lo que perciben y pierden una gran oportunidad de ver más profundamente.

A medida que nos habituamos y fortalecemos la investigación no-discursiva (que capta las cosas directamente sin narrativas, historias mentales o argumentos conceptuales) que es característica de la atención plena, empezamos a percibir la realidad sin ilusiones. Descubrimos entonces lo que el Budismo considera las tres características centrales de la experiencia: todas las experiencias son transitorias, ninguna de ellas ofrece un refugio satisfactorio para la felicidad duradera, y ninguna experiencia o cosa conocida por medio de la consciencia entra en la categoría de un ser o un "yo" permanente.

La sabiduría aumenta a medida que enfrentamos estas características directamente. Empezamos a comprender cómo nuestros esfuerzos por resistir el fluir de la existencia producen sufrimiento. Empezamos a entender que la atención plena puede llevarnos a una felicidad que no depende de nuestras experiencias. Y adquirimos calma en nuestras vidas. Encontramos un espacio libre donde no tenemos ningún ser que proteger, defender o reforzar. Podemos ver nuestras debilidades y nuestros dolores sin que nos definan o nos limiten.

La perfección de la sabiduría, de la comprensión profunda, ocurre cuando ni el corazón ni la mente se apegan o resisten cosa alguna. El ver las tres características es un paso de suprema importancia para alcanzar esta perfección. Conduce a una consciencia que no se identifica ni se obsesiona ni se adueña de las experiencias. La mente y el corazón permiten que las experiencias residan y pasen por nosotros tales como son. Desde esa posición podemos decidir de manera más sabia cómo actuar, qué postura tomar, cuándo debemos tomar partido, y cómo debemos decir lo que es necesario en cualquier circunstancia. El arte de vivir vidas liberadas consiste en aprender a hacer lo que nos corresponde sin que la mente o el corazón se contraigan o se tensen. En *Miércoles de Cenizas* el poeta Anglo-Americano T. S. Eliot expresa esta sabiduría hermosamente: "Enséñanos a que nos importe y a que no nos importe." Importarnos y no importarnos la vida a la vez. No tiene que ser lo uno o lo otro.

A veces no nos imaginamos que hay alternativas que nos permiten evitar poner las cosas en oposición. El estudio, la reflexión y la meditación fortalecen la práctica de la atención plena. Nos ayudan a alcanzar la liberación y a traer armonía a nuestras vidas y a la vida de los demás.

La mente inquieta, agitada
Difícil de proteger, difícil de controlar
El sabio la endereza
Igual que el arquero el asta de su flecha.
Dhammapada 33

CONCENTRACIÓN

De igual manera que un timón mantiene un barco constante en su rumbo, la concentración ofrece estabilidad y resolución a la práctica de la atención plena. En la práctica budista la concentración tiene igual importancia que la atención plena. Sin la fuerza estabilizadora de la concentración no podemos mantener la atención en las cosas que nos son de mayor importancia, incluyendo la meditación. Fácilmente caemos en la preocupación en vez de estar despiertos en el momento presente.

Es más fácil desarrollar la concentración si entendemos su valor, y apreciamos que el enfocarnos en algo, como nuestra respiración, nos ofrece beneficios concretos. Para alguien no familiarizado con la práctica de la concentración, enfocarse en algo que parece estar desconectado de nuestras preocupaciones principales puede parecer ilógico y contrario a la intuición. Pero si dedicamos veinte o treinta minutos concentrados en la respiración muy probablemente descubriremos una apreciación tangible del poder da la concentración.

Una mente no concentrada se distrae fácilmente y se enreda en las preocupaciones. "La mente puede estar tan distraída por sus distracciones que ni siquiera sabe que está distraída." La mente siente tanta tensión debido a las preocupaciones que le es difícil ver más allá de la tensión.

Las inquietudes de la vida pueden preocuparnos a tal grado que a veces ni nos damos cuenta que tenemos la posibilidad de elegir cómo entenderlas y cómo relacionarnos con ellas. Solemos crear un laberinto mental compuesto por estos mismos pensamientos y preocupaciones. Buscamos soluciones para nuestros problemas dentro del laberinto pero no reconocemos que si miramos al otro lado del muro, en donde nos hemos encajonado, es posible vislumbrar un punto de vista más amplio. Desde esta perspectiva espaciosa el problema puede parecer diferente. No desaparece, pero por medio de la atención plena, apoyada por la concentración, adquirimos una perspectiva nueva que cambia radicalmente nuestra manera de lidiar con la situación.

La concentración genera tranquilidad; esta a su vez nos abre nuevas posibilidades de cómo lidiar con nuestras preocupaciones. La mayoría de nosotros sabemos que una menta tranquila nos permite mirar y pensar con mayor claridad. Pero también nos puede ayudar a entender nuestras preocupaciones de una manera totalmente nueva. Nos permite alejarnos del laberinto mental de las preocupaciones. Problemas con relaciones interpersonales, nuestro trabajo, nuestra salud y nuestra identidad pueden mirarse a través del prisma de nuestros valores y de nuestra integridad más profunda en vez del prisma de nuestros temores, nuestros deseos y los valores populares y superficiales.

De una manera más profunda, la perspectiva global de una consciencia tranquila nos permite reconocer que tener problemas puede ser totalmente aceptable. Nos percatamos que nuestra habilidad de ser personas íntegras no se compromete debido a un problema. Incluso nuestra entereza incluye el problema. Esto no quiere decir que dejamos de buscar soluciones para los problemas pero que nuestros intentos por resolverlos no están impregnados de sentimientos de insuficiencia, de ineptitud o de impotencia.

Cuando nos sentimos atrapados por algún problema vertimos una gran cantidad de energía en la preocupación. Pero cuando practicamos la concentración entonces conscientemente ponemos nuestra energía en estar presentes y despiertos a algo saludable.

Un enfoque clásico para desarrollar la concentración es la respiración. La técnica es simple. Primero ponemos la atención en la respiración. Luego si nuestra mente divaga, entonces, suavemente, con naturalidad, volvemos a la respiración. Con este método fortalecemos la concentración y debilitamos las preocupaciones. Con el tiempo la mente descansa, encuentra claridad y tranquilidad.

Existen diferentes estrategias para ponerle atención a la respiración. Por ejemplo, puedes intentar un enfoque suave. Imagínate que estás flotando por encima de las sensaciones físicas de inhalar y exhalar. Otra opción sería tomar interés en cada aliento como si fuese el primero o el último de tu vida. Observa si disfrutas de la sensación del aire circulando por el cuerpo. Permite que tu mente se sumerja en el proceso de respirar. Siente amor y devoción por tu respiración. Es importante diferenciar entre los momentos en que a la concentración le basta un estado mental suave y compasivo y en la que necesita mayor firmeza y direccionalidad. A medida que mejoras tu habilidad para sostener la atención sobre la respiración, el poder de las preocupaciones disminuirá, y probablemente te sentirás menos pesado en tu estado emocional y con una consciencia más abierta.

Cuando la mente se abre y se convierte más espaciosa podemos percibir dificultades sin sentir que nos pertenecen personalmente. Por ejemplo, la tendencia a experimentar el dolor como "mi dolor" (me duele tanto) es más apta a generar sentimientos e ideas asociados con lo que soy o de mi identidad personal ("soy débil," o "soy malo") pero si observamos el dolor simplemente como "un" dolor es más fácil soportarlo. Algo parecido ocurre con las emociones fuertes: si no estamos preocupados, consciente o inconscientemente, por saber que tiene que ver una emoción con mi identidad personal, mi vida emocional es mucho más pacífica.

La función más importante de la concentración en la práctica de la atención plena es la de mantener nuestra atención constante y estable en el presente para que podamos ver con claridad lo que está pasando. Nuestra experiencia del presente es la puerta hacia las realizaciones más profundas. La concentración nos mantiene en el presente para que la atención plena pueda cumplir su función.

Observa el mundo como si fuera una burbuja;
O como si fuera un espejismo.
El Rey de la Muerte no ve
A la persona que considera al mundo de dicha manera.
Dhammapada 170

LA CONSCIENCIA RECEPTIVA

La consciencia es como el aire que nos rodea: rara vez nos fijamos en ella. La consciencia funciona a cada instante que estamos despiertos, y hasta posiblemente funciona una especie de consciencia aun cuando estamos dormidos. A pesar de ello, la mayoría de personas no se fijan en el funcionamiento de la consciencia porque nunca se les ha señalado. Aun cuando lo reconocen, lo dan por hecho y no le otorgan su debida importancia.

Posiblemente la razón que no nos fijamos en la consciencia es que nos enredamos con el contenido de nuestra consciencia, con lo que pensamos, sentimos y experimentamos. Usualmente la vida nos exige lidiar con lo que la consciencia conoce, el contenido de nuestros pensamientos y la percepción. Pero la práctica Budista insiste que es importante fijarnos en otra faceta de la percepción, la consciencia receptiva misma. Todos tenemos la capacidad de reflexionar sobre nuestra propia consciencia. La meditación ofrece una poderosa oportunidad para descubrir, explorar y reposar en medio de esta forma receptiva del conocimiento.

La consciencia receptiva es muy similar a la idea de una consciencia que observa como un testigo. Los principiantes en la meditación asumen que nuestra capacidad para observar implica que existe un ente, un sujeto particular, único y duradero dentro de nosotros que es el testigo. Tenemos una tendencia fuerte de crear dicotomías o divisiones en el mundo, especialmente entre lo que se percibe y el que percibe. De forma similar distinguimos entre el sujeto que lleva a cabo una acción y la acción: yo soy el actor y estoy haciendo algo, yo soy el orador que está hablando. Esta forma de pensar nos parece cosa de sentido común pero el Budismo desafía esa suposición.

Según el Budismo todas estas dicotomías conforman la base que sostiene el edificio del "ser". Cuando mantenemos la idea de un ente que percibe, rápidamente generamos la idea de un ser independiente. Este ser se sujeta a muchas ideas culturales. La percepción de nuestro ser usualmente está estrechamente, también dolorosamente, vinculado con ideas de lo que tiene valor, lo que es bueno y lo que el mundo exige de nosotros.

Nuestras emociones pueden ser una consecuencia directa del concepto que tenemos de nuestro ser. Si nuestra auto-imagen se ve amenazada o insultada, fácilmente nos podemos enojar o atemorizar. Si nuestra auto-imagen está muy ligada con las ideas del bien o del mal pueden salir a relucir los sentimientos de culpa o remordimiento. Tanto los elogios como las criticas tienden a excitarnos, especialmente cuando afectan la manera que nos concebimos o representamos. Y cuando no recibimos ni elogios ni críticas nos sentimos aburridos; aburridos con las personas que estamos o con la situación.

Permanecer en quietud o centrarnos en la consciencia receptiva sirve como antídoto a nuestros esfuerzos por construir y defender un ser o una imagen de lo que somos. A medida que desarrollamos esta capacidad y confiamos en ella, la suposición de que "existe un ser o un ente que está consciente" se desvanece. La auto-consciencia se desmorona. A veces a esto se le denomina la experiencia de una consciencia no-dualista: la distinción entre el ser y los demás, entre lo interno y lo externo, entre el que percibe y lo percibido desaparece. No existe un ente que percibe, solamente existe la consciencia y la experiencia que ocurre dentro de la consciencia.

Parte de lo que aprendemos en esta práctica es la de estabilizar nuestra atención, para desarrollar una simple consciencia receptiva. No estamos abandonando necesariamente el mundo de las ideas ni siquiera la idea del "ser." Más bien, estamos aprendiendo a tomar nuestras propias vidas, ideas y a nosotros mismos con ligereza. Nos apoyamos en una consciencia amplia y compasiva que conoce pero que no se aferra. De dicha manera nuestras reacciones pueden surgir de la experiencia directa en vez de las ideas abstractas y de nuestros apegos.

Deja ir el apego al futuro,
Deja ir el apego al pasado,
Deja ir el apego al presente!
Cruzando a la otra orilla de la existencia
Con la mente liberada de todas las cosas
Nunca mas nacerás ni envejecerás.
Dhammapada 348

EL DESPERTAR—LA CONSCIENCIA LIBERADA

Uno de los aspectos del Budismo que más representa un desafío para nuestra existencia es la importancia que le otorga a la experiencia del *Nibbana/Nirvana*—un tipo de conocimiento que permanece imperturbable ante los vaivenes de la vida. Nuestra práctica comienza con la atención plena la cual nos ayuda a conectarnos en nuestras vidas de una manera honesta e íntima. Pero más aún, la atención plena abre la posibilidad de una consciencia que ni se apega ni resiste cosa alguna. Cuando experimentamos esta posibilidad plenamente alcanzamos lo que se le llama Despertar, o *Nirvana*.

Nuestra consciencia muchas veces está envuelta y controlada por un sinnúmero de preocupaciones en cuanto a las condiciones de la vida—por ejemplo, la salud, las apariencias, las relaciones sociales, nuestra seguridad, el empleo, las diversiones y opiniones diversas. Por desgracia la vida no nos ofrece garantías de poder controlar completamente estas condiciones, y si nuestra felicidad depende de que lo hagamos, es muy probable que seamos personas infelices. A veces el no poder controlar las condiciones en nuestro entorno puede ser una gran bendición, pues nos sentimos obligados a descubrir experiencias más profundas que no dependen de nuestra capacidad para dominar el ambiente.

El Budismo enfatiza el Despertar para ayudarnos a descubrir aspectos de la vida que usualmente pasamos por alto como la consciencia incondicional o absoluta y el amor ilimitado. La práctica Budista lleva a que descubramos, valoremos, y fortalezcamos esta consciencia innata que permanece independiente de cualquier ganancia o pérdida, elogio o crítica, placer o dolor, éxito o fracaso. Nos es más fácil lidiar con las condiciones de la vida con gracia y generosidad cuando hemos experimentado la consciencia incondicionada que no está bajo el control de estas condiciones.

¿Qué es el Despertar? Es difícil describirlo pues es un poco como tratar de describir el espacio físico, algo que se comprende mejor sólo cuando hacemos referencia a los objetos que lo delimitan. El Despertar es aún más difícil de describir pues no tiene una relación directa con las experiencias objetivas o subjetivas del mundo. La consciencia Despierta tiene una claridad similar a un vidrio limpio y transparente que no se hace notar. Siendo que no posee codicia, odio o temor la consciencia Despierta es muy semejante a una confianza global en la consciencia. Libre de todo tipo de conflicto, la consciencia Despierta a veces se le caracteriza como pacífica. Y como no está sujeta a ningún tipo de conflictos se le celebra como el pórtico que conduce a la compasión.

Tomar el camino del Despertar significa dedicarnos a la atención plena y a la investigación no obstante lo que nos ocurra u otras cosas que decidamos hacer. Implica refugiarnos en la atención plena ya sea que estemos saludables o enfermos, pobres o ricos, empleados o desempleados, con o sin vivienda, solos o acompañados, bajo toda condición. Practicar estar atento independientemente de las circunstancias equivale a cultivar una mente abierta en cualquier situación y a fijarnos con compasión y sin recriminaciones adonde está estancada o atrapada nuestra concentración.

Cuando madura la atención plena lo suficiente para que nos sintamos renovados por el Despertar, entonces ya no tomamos el mundo condicional como el centro de nuestro universo. La experiencia de una consciencia libre de toda condición produce una revolución Copernicana en nuestra manera de percatar el mundo. Esto atenúa naturalmente las llamas de las variadas manifestaciones de la codicia, el odio y de las ilusiones falsas, y el corazón compasivo crece— aparentemente incluyendo todo dentro de sí.

Feliz es el nacimiento de los Budas;
Feliz es la enseñanza del Dharma verdadero;
Feliz es la armonía de la Sangha;
Feliz la austeridad de los que están en armonía.
Dhammapada 194

TOMAR REFUGIO

A medida que progresamos en la práctica de la meditación y de la atención plena, empezamos a descubrir que es más fácil confiar en nuestra capacidad para ser personas abiertas y receptivas a la sabiduría. Como consecuencia empezamos a valorar y hasta sentir devoción por los maestros y las enseñanzas que apoyan esta confianza. En la tradición Budista a estas personas respetadas y a estas enseñanzas se les conoce como las "Tres Joyas": Buda, Dharma y Sangha. La expresión Budista "tomar refugio" significa que escogemos deliberadamente recibir apoyo e inspiración por las Tres Joyas.

Tomar refugio en el Buda significa tomar refugio en la sabiduría y la claridad. El Buda no solo es un ejemplo de alguien quien ha transcurrido la senda que conduce a la libertad, sino que personifica en sí mismo la potencia plena para la compasión y el despertar que existe en cada uno de nosotros.

Tomar refugio en Dharma es, en parte, tomar refugio en las enseñanzas y las prácticas que dictó el Buda. Sin embargo, de manera más profunda, podríamos decir que Dharma es la consciencia misma, maravillosa e inmediata, libre de la oscuridad que produce la codicia, el odio y la ilusión.

Por lo general, tomar refugio en la Sangha significa refugiarnos en la comunidad de practicantes Budistas. Es motivo de inspiración saber que otros están dedicados a vivir según las enseñanzas del Buda por medio de la ética, la meditación, y la compasión. De manera más específica y tradicional refugiarnos en la Sangha significa refugiarnos con una comunidad de personas que ya han experimentado la liberación---el Despertar del Buda. El ejemplo de dichas personas puede ser extraordinariamente alentador.

"Tomar refugio" es uno de los ritos más comunes que cumplen los laicos en la tradición Theravada. Aunque este es un componente que se repite de manera habitual en las ceremonias, los retiros, y en la visitas a los templo puede ser un momento simbólico fundamental cuando un practicante por primera vez toma refugio y acepta el compromiso de orientar su vida hacia los valores y las aspiraciones espirituales. Cuando ligamos nuestra práctica al Buda, el Dharma y la Sangha aseguramos que nuestra práctica no está limitada a las preocupaciones intelectuales o a asuntos terapéuticos personales. Estas tres crean un fundamento de confianza y de respeto que sirven como punto de apoyo para el crecimiento espiritual.

No te asocies con amigos de mal carácter;
No te asocies con personas malvadas;
Júntate con amigos virtuosos.
Dhammapada 78

LA JOYA DE LA SANGHA

La práctica Budista está apoyada y nutrida por una comunidad de condiscípulos practicantes. La Sangha es una de las Tres Joyas que dan aliento a la vida espiritual de los practicantes. Mientras que el Buda, el Dharma y la Sangha pueden servir por igual como punto de apoyo y refugio, muchas veces las comunidades Budistas en diferentes culturas le ponen más énfasis al uno que al otro. En la comunidad norteamericana, por ejemplo, se le da más importancia a las primeras dos joyas. Los practicantes están más interesados en el Despertar, la práctica y las enseñanzas que en la comunidad que apoya la práctica.

La práctica y las enseñanzas del *Vipassana* se han establecido en el mundo occidental ya por más de treinta años. Pienso que un elemento que queda por desarrollar, al menos entre el círculo de budistas norteamericanos, es un sentido más profundo de comunidad entre los practicantes. Es hora de crear un balance con las otras dos joyas. Al igual que las tres piernas de un trípode, cada una es necesaria.

Practicar de forma solitaria puede ser muy difícil. La práctica espiritual muchas veces cambia nuestras prioridades y valores. Valores como la satisfacción espiritual, la paz, la generosidad, el amor, y la compasión que muchas veces resultan de la práctica están opuestas a los valores del consumismo, la ambición, el egoísmo, y la insensibilidad que son bien comunes en la cultura popular. Una comunidad de practicantes ofrece apoyo mutuo para vivir una vida guiada por valores espirituales contrarias a la cultura dominante.

Cuando la práctica espiritual ocurre dentro de una comunidad religiosa la comunidad se convierte en un espejo para nuestra vida pues nos ayuda a auto-observarnos por medio de las relaciones que establecemos con otros practicantes. Yo primero me sentí motivado a vivir en una comunidad Budista porque quería recibir el beneficio de observar mi vida a la luz de los practicantes más maduros. Me fijé que ellos, en contraste con mis amigos, no apoyaban ni participaban en el alimento del ego y en el reaccionar emocional. Como ellos no participaban en dicho egoísmo yo podía ver más claramente las diferentes maneras en que yo lo hacía.

Mis primeros años de práctica en una comunidad Budista también fueron valiosos porque observé ejemplos frecuentes de personas que expresaban compasión y bondad. Dichos ejemplos servían como lecciones prácticas e inspiradoras que me enseñaban a actuar de forma parecida.

Desde luego que otras comunidades, aparte de las budistas, pueden servir como modelo y espejo para la vida espiritual. Sin embargo, la dedicación a la práctica y a la meditación que es típica de las comunidades Budistas a veces les distingue de otros grupos. Si tenemos un conflicto con alguien o no nos parece bien lo que han dicho o hecho no los expulsamos de la comunidad. Más bien tratamos la situación con una actitud de investigador, sin recriminaciones, basados en la atención plena. Tratamos de identificar con sinceridad y sobriedad los apegos, los temores, las proyecciones y las confusiones que afectan nuestras relaciones. Buscamos oportunidades para la reconciliación y formas sabias de practicar el respeto mutuo que da cabida a las diferencias normales que existen entre los seres humanos. Nuestra dedicación al ser inclusivos significa que la Sangha es, o aspira ser, un sitio seguro para que todos puedan ser personas auténticas en nuestro medio, lo cual es un requisito para la práctica Budista profunda.

Por esta misma razón, la Sangha es un sitio seguro para que las personas experimenten con formas nuevas de expresión y comportamiento. A medida que la práctica relaja nuestras inseguridades y los patrones automáticos de nuestro comportamiento, la Sangha podría ser, por ejemplo, un lugar donde las personas que hablan compulsivamente hablen menos, o los que son demasiado tímidos se expresen más abiertamente.

Aunque hay muchos beneficios que surgen de la práctica en grupo, también es justo reconocer las limitaciones. En el momento cuando un grupo de personas se asocia en comunidad, se genera una cultura en miniatura, y las culturas siempre tienen sus puntos débiles, aspectos que no captan sus miembros, que podríamos denominar "sombras." Si usted no se asocia con comunidad alguna porque siempre te fijas en las debilidades de los grupos entonces todas las comunidades te van a parecer inadecuadas. Si te relacionas solo con los puntos fuertes o "las luces" de una comunidad, lo que te parece bonito o especial, entonces estás perdiendo una oportunidad bien valiosa de crecer espiritualmente. Y si solo te relaciones con las sombras pierdes por igual. Una de las funciones de la práctica Budista es el de clarificar e inclu-

sive hacer relucir las "sombras," para producir un balance
con la luz. Sino practicamos a consciencia y con franqueza,
las sombras de la Sangha permanecen vivas pero escondidas.

Por ejemplo, una de las "sombras" más comunes que
está latente en las comunidades Budistas es la ira. Este es un
sentimiento que a todos nos aqueja pero tratamos de evitar
reconocerla porque en el Budismo valoramos la bondad y la
compasión. Los practicantes se muestran renuentes a mos-
trar esa parte oscura de sus emociones a los demás, y lo es-
conden aun de sí mismos. La práctica de la atención plena
sirve como antídoto para esas sombras escondidas. A medida que nos hacemos más y más presentes para nuestro cuerpo, nuestros sentimientos y nuestros pensamientos aumenta
nuestra honestidad y transparencia en cuanto a nuestra vida
interna y la vida que compartimos con otras personas.

La vida está compuesta por una diversidad de en-
cuentros e interacciones con otros seres y por medio de ellos
aprendemos muchas lecciones. La práctica Budista propone
que observemos detenidamente que es lo que contribuimos
a cada encuentro. ¿Hasta qué punto nos abrimos a otras
personas? ¿Cómo intentamos controlar o definir la relación? ¿Qué postura tomamos con los demás? Relacionamos
con el mundo con un estado de serenidad es algo maravilloso y muy grato. Una comunidad de práctica Budista es un
sitio donde podemos aprender a aplicar la tranquilidad a la
vida en sociedad.

La atención es la vía a la Inmortalidad.
La inatención la vía a la muerte.
Los atentos no mueren.
Los inatentos son como si estuvieran ya muertos.
Dhammapada 21

CUESTIONAR COMO PARTE DE LA PRÁCTICA

La primera pregunta que le hice a un maestro Budista fue la siguiente, "¿Qué tipo de esfuerzo se requiere para practicar la meditación Zen?" Me contestó con su propia pregunta, "¿Quién es el que hace el esfuerzo?" Su respuesta me pareció sin sentido. La conversación terminó inmediatamente. Cuando reflexioné sobre este diálogo, llegué a la conclusión de que tendría que responder a ambas preguntas con mis propios esfuerzos. Comprendí que hay ciertas preguntas espirituales que solo se pueden responder por medio de la experiencia directa.

Al transcurrir de los años varias preguntas de esa especie han motivado y dirigido mi práctica espiritual. Los primeros años de mi práctica Zen fueron impulsados por una pregunta parecida, "¿Cómo puedo estar solo aunque esté en la presencia de otras personas?" En otras palabras, ¿cómo puedo tratar con otras personas sin temor ni manifestaciones del ego? Esta pregunta asumió importancia para mí después de un periodo de soledad en que había descubierto una libertad y paz superior a cualquiera que había experimentado anteriormente. En vez de recurrir a la soledad como solución a mis dificultades, la pregunta me empujaba a seguir explorando y practicando en medio de la congestión del ambiente social.

Después de un tiempo otra pregunta empezó a proveer dirección a mi práctica Zen: "¿Cómo me integro más completamente con el ámbito que me circunda?" O, dicho de otra manera, "¿Cómo supero la tendencia de contenerme, de guardar distancia y a veces hasta de ausentarme mentalmente de alguna actividad en la que estoy involucrado, desde la meditación sobre la respiración, mi trabajo, una conversación con mi esposa o el picar la cebolla?" Esta pregunta terminó siendo valiosa, pues enfocó mi práctica en las ocurrencias inmediatas en vez de mis ideales, mis esperanzas o mis preocupaciones personales. Lo interesante es que no dependí mucho de mis maestros para conseguir respuestas a la pregunta. Y es que este tipo de preguntas no se sujeta a respuestas fáciles. No nos basta alguna conversación con el maestro para responderlas a fondo. Más bien tenemos que hallar soluciones por nuestra propia cuenta una y otra vez en situaciones diversas de la vida rutinaria.

Richard Baker-Roshi, uno de mis primeros maestros Zen, recomendaba que los estudiantes reflexionaran minuciosamente sobre sus preocupaciones y preguntas hasta que encontraran el "meollo" de lo que los inquietaba. Él sabía que cuando hablamos con un maestro muchos somos propensos a narrar historias detalladas de nuestra vida y de nuestras relaciones antes de pedir un concejo. O sino, nos gusta hacerles preguntas abstractas sobre la filosofía Budista. No sabemos cómo enfocar nuestra cuestión. Como alternativa, Baker-Roshi mandaba a que refináramos nuestras preguntas hasta que lográsemos identificar de donde provenían. ¿Cuál identidad, cuál intención o cuál punto de vista constituían su punto de origen? Por ejemplo, cuando yo era el supervisor en la cocina del monasterio tenía relaciones difíciles con el personal. En vez de hablar con el maestro reflexioné a largas sobre la tensión que nos aquejaba hasta descubrir que mi contribución al problema tenía que ver con mi deseo ansioso de caerles bien a otras personas bajo cualquier circunstancia. Cuando me di cuenta de esta característica de mi personalidad fue más fácil encontrar una solución a mi problema que tratar de resolver todas las dificultades una por una con los empleados de la cocina. Como consecuencia de este esfuerzo otras preguntas importantes salieron a relucir: "¿Quién es este ser o este "yo" que tanto ansia el aprecio de los demás?" Y, "¿Quién es esta persona que tiene dicha ansiedad?" En ese entonces, yo no sabía cómo responder. Sin embargo, al igual que la pregunta-- "¿Quién es la persona que hace el esfuerzo?"--estas preguntas servían como estímulo para avanzar en la práctica.

Algo que también aprendí es que entre más serenos estemos al reflexionar sobre una pregunta lo más probable es que brote una respuesta en nuestro interior. Esto lo experimenté cuando tuve que decidir entre ingresar al monasterio y matricularme en la universidad de pos-grado. Cuando obtuve un espacio mental calmado desde el cual podía considerar mis opciones me cayó de sorpresa la facilidad con que surgió una respuesta tan clara de ingresar al monasterio.

Cuando viví en el país de Birmania, otras preguntas claves empezaron a impulsar mi práctica intensiva de la meditación *Vipassana*. Una de ellas era, "¿Qué significa tener una práctica rigurosa?" Otra era la pregunta clásica, "¿Qué es el ser o el 'yo'?" Esta última era una versión destilada de la pregunta "¿Quién es la persona que hace el esfuerzo?" O, "¿Quién es la persona que tiene ansias?" Estas preguntas, casi como si tuvieran voluntad propia, me instigaban a poner de lado mis preocupaciones personales y enfocarme sobre la investigación. Mi maestro *Vipassana* Sayadaw U Pandita reforzó este enfoque. Era bien estricto en exigir que los estudiantes investigaran la experiencia directa en vez de hacerse preguntas existenciales abstractas. El poseía tremenda confianza de que si observásemos con suficiente profundidad y claridad lo que estamos experimentando siempre podemos encontrar lo que fuese necesario para estar más libres y despiertos. Para él la única pregunta que parecía ser apropiada y universal era "¿Qué es esto que enfrentamos?" Su hipótesis era que el cultivo de la investigación relajada e ininterrumpida nos llevaría a descubrir a mayor profundidad los detalles de la experiencia del momento presente.

Cuando practiqué la atención plena de esta manera, me di cuenta que al hacer la pregunta "¿Qué es esto que enfrento?" era de más provecho tornar la mirada hacia las características de aquella consciencia que está haciendo la pregunta. Cuando la consciencia se observa a si misma se aprende mucho. Salen a relucir los apegos, las aversiones y la complacencia que posiblemente están afectando nuestra práctica. Y quizá más profundamente, la auto-observación puede revelar la naturaleza vacía de nuestros auto-conceptos, de todos los conceptos que tenemos del ser, de un conocedor que tiene experiencias.

El valor fundamental de la investigación en la práctica Budista consiste en fortalecer nuestra confianza, ecuanimidad y capacidad para permanecer abiertos bajo toda circunstancia. Y cuando la meditación produce la ecuanimidad madura, una pregunta simple o una investigación de posibilidades antes desconocidas puede ayudarnos a desatar los últimos lazos de nuestra dependencia de un mundo compuesto por elementos transitorios y a impulsarnos a una más amplia libertad.

No se le considera noble
Al que le hace daño a los seres vivientes.
Al que no le hace daño a los seres vivientes
Se le considera un noble.
Dhammapada 270

RESPONDIENDO A LAS TRAGEDIAS

Las enseñanzas centrales del Budismo son tanto realistas como optimistas. Son realistas porque reconocen con absoluta honestidad y constancia el sufrimiento y la violencia que caracteriza al mundo tanto en los tiempos del Buda como en nuestra época. El optimismo Budista proviene del reconocimiento de que existe un potencial humano para aliviar el sufrimiento y ponerle fin a la violencia. Según el Budismo todos podemos extraer de nuestro corazón las fuerzas venenosas de la codicia, el odio y la ilusión y los podemos remplazar con la paz, el amor bondadoso y la compasión. En la práctica Budista es importante ser tanto realistas como optimistas. El realismo por si solo produce desespero. El optimismo por si solo oculta los fundamentos de la práctica spiritual.

Cuando enfrentamos tragedias inconcebibles, o la violencia y el odio, se requiere que reconozcamos con sinceridad nuestro temor, nuestra confusión y nuestra ira. El temor que no admitimos produce más temor, la confusión que no reconocemos genera más confusión, y la ira que rehusamos confrontar engendra más ira. Si aplicamos la atención plena a las tres aprendemos a liberarnos de su poder.

Este es un proceso lento y paulatino. Pero vale la pena. Entre más libres somos más habilidad tenemos para

145

organizar nuestras vidas según nuestros mejores valores e intenciones. La intención de ser una persona bondadosa, compasiva, servicial, feliz y libre es de las cualidades más preciosas que tenemos los seres humanos.

Estas cualidades no son lujos. No son opcionales. Tenemos que acudir a ellas cuando respondemos a los gritos de socorro del mundo circundante. El optimismo del Budismo implica que podemos tener un verdadero impacto en el mundo. Nuestros pensamientos, nuestras palabras y nuestras acciones amorosas, empáticas y cariñosas son necesarias para contra-restar las fuerzas del odio, la violencia y el desespero. Nuestros esfuerzos por encontrar la paz interior pueden servir de ejemplo para las personas que no conocen o creen en la posibilidad de encontrar un cambio saludable en su vida.

La historia del Budismo ofrece muchos ejemplos de la influencia transformadora que puede ejercer la presencia serena de un individuo. Cuando el príncipe Siddharta se sintió afligido al observar las enfermedades, la vejez y la muerte que padecían los que le rodeaban, la aparición de un devoto muy pacífico le inspiró a una búsqueda espiritual que culminó en su Despertar como el Buda.

Uno de los incidentes históricos más dramáticos en la historia de nuestra tradición fue la conversión al Budismo del Rey Ashoka, un militar sanguinario quien en el tercer siglo a. de C. quería conquistar a toda costa la mayor parte de la India. Sus propias palabras han quedado grabadas en piedras históricas en ese país. El recuenta que estaba horrorizado por la matanza de más de 100,000 personas en uno de sus combates. En el momento preciso en que Ashoka observaba con desconsuelo el campo de batalla se cruzó con un monje Budista tan pacífico y radiante que le inspiró a pedirle enseñanza espiritual. Conmovido por su propio desespero, la serenidad del monje y las enseñanzas recibidas renunció a la conquista, la violencia y a la aplicación de la pena de muerte en su feudo. Aunque mantuvo su ejército para autodefensa, su energía como rey se dirigió a la mejora social y espiritual de sus súbditos en vez de la guerra.

No estamos seguros que le enseñó el monje al rey pero si sabemos que el Buda tuvo mucho que decir en cuanto a la violencia y el odio. Posiblemente el monje repitió las siguientes palabras del Buda:

El odio nunca se elimina por medio del odio.
Esta es una verdad eterna.
La victoria da a luz el odio;
Los derrotados duermen atormentados.
Renunciando tanto a la victoria como a la derrota,
Los pacíficos duermen contentos.

Todos tiemblan ante la violencia:
Todos temen la muerte.
Siendo que sientes igual que los demás,
No mates ni causes que otros maten.

Todos tiemblan ante la violencia:
Todos estiman su propia vida.
Siendo que sientes igual que los demás,
No le causes daño a otros seres.

La persona que día y noche
Se deleita en no hacer daño
Y tiene amor-bondadoso hacia todos los seres,
Es el que no tiene odio por los demás.

En las enseñanzas Budistas tenemos a nuestra disposición dos respuestas saludables al sufrimiento del mundo. Una de ellas es la compasión. La compasión puede generar tremenda motivación para mejorar la condición del mundo. Yo considero que la compasión es una motivación más efectiva que la aversión.

La otra respuesta se le llama *samvega*, que significa "pasión por la práctica espiritual." Cuando experimentamos el sufrimiento nos sentimos motivados a resolverlo con la práctica, y así encontramos la libertad para nosotros y los demás. Ambas respuestas contribuyen a la paz.

Que todos permanezcamos con la fe de que podemos hacer la diferencia en un mundo de dolor.

APÉNDICE I
THERAVADA - EL CAMINO DE LA LIBERACIÓN

"Theravada"—que significa literalmente, "Las Enseñanzas de los Ancianos"—es una tradición Budista que ha nutrido la práctica y las enseñanzas de la sabiduría, el amor y la liberación por más de dos mil años. La liberación, el eje central sobre el cual gira la tradición, consiste en observar agudamente y participar profundamente en la realidad de las "cosas tales como son:" es decir, con el mundo en que vivimos visto sin los filtros de la codicia, el odio y las ilusiones.

Operando con la experiencia directa de las "cosas tales como son" como punto central de referencia, la escuela Theravada es una tradición flexible y variada que evoluciona según las circunstancias personales, culturales e históricas de aquellos que participan en ella. Hoy en día hay más de cien millones de Budistas Theravada en Sri Lanka y el Sudeste Asiático. Actualmente, los tres países Theravadas más influyentes son Tailandia, Birmania y Sri Lanka. Desde estos países provino la tradición al occidente.

El Budismo Theravada en Norteamérica

Desde la década de los 60 la tradición Theravada ha encontrado su sitio en Norteamérica a paso lento pero firme. Los dos momentos claves para su establecimiento fueron la fundación en 1966 del primer *vihara* (templo monástico) Budista Americano por la comunidad de inmigrantes de Sri Lanka en la ciudad de Washington, y diez años después el establecimiento del primer centro de meditación *Vipassana* en Barre, Massachusetts conocido como el Insight Meditation Society (IMS). Estos centros representan dos manifestaciones particulares y divergentes del Budismo Theravada en los Estados Unidos, el primero centrado en la tradición monástica y en los templos religiosos, que es común en los grupos inmigrantes del Sudeste del Asia y el otro centrado en laicos, casi siempre americanos de ascendencia Europea, que conforman parte del movimiento Vipassana. Los primeros tienden a ser más conservadores, siendo que repiten las formas y prácticas Budistas tradicionales de sus países de origen. Los segundos mantienen una postura más experimental pues intentan acondicionar la tradición Theravada a un medio compuesto por laicos estadounidenses.

Últimamente hemos visto una manifestación nueva del Budismo Theravada en los Estados Unidos que no corresponde a ninguna de las dos anteriores. Ésta consiste en centros monásticos que están administrados y apoyados predominantemente por euroamericanos. Un ejemplo es el Monasterio Abhayagiri fundado por el monje Inglés Ajahn Amaro en 1966 en Redwood Valley, California. Además, dos otros centros monásticos—Metta Forest Monastery en el Condado de San Diego, California y Bhavana Society en High View, West Virginia—están poniendo a la disposición de personas occidentales la práctica monástica y simultáneamente mantienen una conexión firme con las comunidades tradicionales asiáticas. Es posible que dentro de estos centros estemos vislumbrando los comienzos de una versión americana del monacato Theravada.

El monacato ha sido un aspecto fundamental de la tradición Theravada desde sus comienzos pues se le considera un estilo de vida ideal para el estudio, la práctica, el servicio y la purificación del corazón. Sin embargo, en el siglo veinte y veintiuno, especialmente en el mundo occidental, ha ocurrido un movimiento sin precedentes. Toda la gama de prácticas de la meditación se han puesto a la disposición de los laicos. Por lo tanto, al monacato ya no se le considera el portador exclusivo de la tradición aunque sigue siendo un ancla y un elemento poderoso para su preservación.

Aunque todavía es temprano predecir las características que tendrá el Budismo Theravada norteamericano, es probable que exhibirá al menos igual diversidad que la que ha demostrado en su tierra natal en el Sudeste del Asia. Incluso, es posible que amplíe las fronteras que han definido el Theravada institucional en el pasado.

Enseñanzas Básica

El Buda animó a los practicantes a que no creyeran en sus principios a ciegas sino que las considerasen y las aplicasen por sí mismos. Por lo tanto, sus enseñanzas enfatizan la práctica en vez de las creencias o las doctrinas. Siguiendo este espíritu pragmático, la tradición Theravada tiene muchos ejercicios para adiestrar la consciencia, a primera vista simples pero poderosas cuando se aplican de manera sostenida. Además, la tradición enseña prácticas que fortalecen la generosidad, el servicio, el amor bondadoso, la compasión y la manera justa de ganarse la vida. Estos ejercicios espirituales nutren el crecimiento de un corazón despierto y liberado y nos ayudan a vivir con sabiduría y compasión.

La tradición Theravada atribuye sus principios a las enseñanzas del Buda histórico. Aunque el Buda ha sido objeto de veneración, la tradición siempre ha insistido que el Buda no es más que un ser humano, alguien quien señaló el camino que otros pueden seguir. La escuela Theravada preserva gran parte de las enseñanzas del Buda en una colección extensa de escrituras religiosas, conocidas como *suttas*, escritas en el lenguaje pali, que es el equivalente Theravada al latín de la Iglesia Católica. Estos textos extraordinarios contienen descripciones altamente veneradas y detalladas de las prácticas, la ética, la psicología y las enseñanzas del Buda que conciernen la vida espiritual. También contienen una advertencia firme de que nadie debe dejar de usar su juicio propio en favor de la tradición y los textos religiosos y a la vez aconseja que nadie debe depender exclusivamente de su juicio sin escuchar a otros. En el texto *Kalama Sutta* el Buda recomendó que al decidir si una enseñanza espiritual es falsa o verdadera deberíamos mantener la siguiente actitud:

No se dejen guiar por la tradición oral, por la proveniencia de las enseñanzas, por el testimonio basada en los rumores, por el razonamiento dependiente de las deducciones, por la reflexión sobre las razones, por la aceptación de un punto de vista después de haberlo considerado, por la aparente competencia de un orador, o porque piensas, "El asceta es nuestro maestro."

Pero cuando sepan por si mismos que, "Estas cosas son saludables, estas cosas son reprobables; estas cosas son censuradas por los sabios, estas cosas, si nos emprendemos en ellas y las practicamos, conducen al daño y al sufrimiento," entonces deben abandonarlas.

Pero cuando sepan por si mismos que "Estas cosas son saludables, estas cosas son irreprochables, estas cosas son elogiadas por los sabios; estas cosas, si las asumimos y las practicamos, conducen al bienestar y a la felicidad," entonces deben dedicarse a ellas.

Una razón clave por la cual el Buda declaró este criterio pragmático para ayudarnos a determinar la verdad o la falsedad de las enseñanzas espirituales es que no estaba interesado en formular doctrinas que deberían aceptarse por obligación. Estaba más preocupado en enseñar cómo podemos pasar de un estado de sufrimiento a un estado libre del sufrimiento, del sufrimiento a la liberación. Esto se demuestra claramente en la doctrina central de la tradición Theravada, "Las Cuatro Verdades Nobles." La palabra "Verdad" en este caso se refiere a lo que es verdadero y benéfico a nivel espiritual y terapéutico. Las "Cuatro Verdades Nobles" son las siguientes:

1. El sufrimiento ocurre.
2. La causa del sufrimiento es el anhelo-aferramiento.
3. Existe la posibilidad del cese del sufrimiento.
4. El cese del sufrimiento se logra por medio del Óctuple Noble Sendero.

El sufrimiento (*dukkha* en pali) al que se refiere el Buda no es el sufrimiento físico ni el sufrimiento que sentimos cuando nos identificamos con el sufrimiento de otros, pues estos son inevitables en la experiencia humana. Más bien se refiere a la insatisfacción o el descontento que le añadimos a nuestras vidas por medio de las ansias y los apegos. La primera y segunda Verdad Noble nos instan a reconocer claramente cuál es nuestro sufrimiento y cuáles son los apegos y las aversiones que la subyacen. Una de las razones por la cual la tradición Theravada enfatiza ejercicios prácticos de meditación y atención para entrenar la consciencia es precisamente para ayudarnos a reconocer todos los elementos que contribuyen a nuestro sufrimiento. La tercera y cuarta Verdad Noble señalan la posibilidad de terminar el sufrimiento causada por los apegos y de vivir con corazones liberados. La experiencia de vivir sin el sufrimiento se le denomina *nibbana* (*nirvana* en el idioma sánscrito) y popularmente se le conoce como Despertar o Iluminación. Aunque la tradición Theravada a veces describe *nirvana* como una experiencia de paz o de gran felicidad, es más común definirlo como la ausencia absoluta del apego o de las ansias. La razón principal para esta definición negativa (que describe la ausencia en vez de la presencia de una característica) es que *nirvana* es algo tan radicalmente distinto a lo que se puede describir con palabras que es mejor no intentarlo. Además, la tradición desaconseja el apego a ideas particulares en cuanto a la iluminación y a las especulaciones metafísicas o filosóficas que no tienen resolución. De hecho, parte de la genialidad de las Cuatro Verdades Nobles consiste en que ofrece una guía para la vida espiritual sin exigir adherencia a creencias dogmáticas.

El Noble Camino Óctuple

La Cuarta Verdad Noble describe los pasos que podemos tomar para liberarnos de los apegos. Son los siguientes:

1. Visión o Perspectiva Correcta
2. Pensamiento o Intención Correcta
3. Habla Correcto
4. Acción o conducta Correcta
5. Manera de ganarse la vida o Subsistencia Correcta
6. Esfuerzo Mental Correcto
7. Atención Plena Correcta
8. Concentración o Meditación correcta

Estos ocho aspectos del camino comúnmente se dividen en tres categorías: sabiduría, ética y meditación (*panna, sila* y *samadhi*). La sabiduría abarca la Visión Correcta y la Intención Correcta. Se supone que si conocemos nuestra propia vida profundamente estaremos más motivados a aplicar las Cuatro Verdades Nobles a nuestra situación personal.

La ética abarca el Habla Correcto, la Conducta Correcta, y la Subsistencia Correcta. El Budismo Theravada enseña que no podemos cultivar un corazón abierto, confiado y libre de apegos si nuestro comportamiento está motivado por la codicia, la ira y las ilusiones. Una forma poderosa de desarrollar y fortalecer un corazón abierto consiste en hacer un intento sincero de conformar nuestras acciones con los valores de la generosidad, la bondad, la compasión y la honestidad.

Por último, el entrenamiento de la mente abarca el Esfuerzo Mental Correcto, la Atención Plena Correcta y la Concentración Correcta. Nos esforzamos, sin tensión pero tampoco muy relajados, por cultivar una mente estable y clara que nos permita analizar la realidad a más profundidad. Éste estado mental facilita el cese de los apegos.

El Entrenamiento Gradual

En los *suttas* (textos religiosos) el Buda frecuentemente describe un entrenamiento gradual para cultivar el desarrollo espiritual (por ejemplo, *Samaññaphala Sutta,* en el *Digha Nikaya,* y *Ganakamoggallana Sutta* en el *Majjhima Nikaya).* Este entrenamiento se desenvuelve progresivamente comenzando con el cultivo de la generosidad, siguiendo con la ética, luego con la práctica de la atención plena, la concentración, la sabiduría y finalmente la liberación. El entrenamiento gradual es una expansión de las tres categorías del Noble Camino Óctuple. La ética y la generosidad se incluyen en *sila*, la práctica de la meditación se le considera parte de *samadhi*, y la sabiduría y la liberación son elementos de *panna*. Este entrenamiento a veces se presenta como si ocurriera en línea recta. Pero no tiene que ser. El crecimiento puede ocurrir en diferente orden según la experiencia de cada persona. A pesar de ello la descripción de los pasos es valiosa pues da una idea de los elementos que componen la formación espiritual.

Los practicantes en el mundo occidental muchas veces se saltan algunas de las etapas iniciales. Prefieren enfocarse al comienzo en el entrenamiento mental, especialmente en la atención plena. Aunque puedan existir buenas razones para hacerlo en el occidente, si empezamos con la atención plena podríamos cometer el error de evitar el cultivo de características saludables psicológicas de la mente y del corazón que son fundamentales en las prácticas meditativas. Además, cuando comenzamos exclusivamente con la práctica de la atención plena, podríamos pasar por alto el hecho de que tanto el corazón abierto como el corazón en vísperas de abrirse puede expresarse por medio del servicio a otros, algo que se cultiva por medio de las prácticas éticas.

Generosidad

El entrenamiento tradicional Theravada empieza con *sila* y el cultivo de la generosidad (*dana*). En su forma más avanzada, el *dana* no está motivado por ideas moralistas en cuanto al bien y el mal, ni por la esperanza de recibir recompensas en el futuro. Más bien, la intención de la práctica es la de fortalecer nuestra habilidad para ser sensibles y apropiadamente generosos bajo cualquier circunstancia.

Cuando aumenta nuestra generosidad se abren nuestros corazones, virtud que facilita las prácticas más difíciles correspondientes a la atención plena. A medida que la generosidad revela nuestro aferramiento y nuestros apegos, nos ayuda a comprender como se aplican a nuestras vidas las Cuatro Verdades Nobles. Por medio de la generosidad nos conectamos con otras personas y disminuye nuestra tendencia de ser personas egoístas o personas obsesionadas con nuestra propia vida espiritual.

Ética

Como segundo paso, el entrenamiento paulatino expande el concepto de *sila* para que incluya la ética, que a veces se describe como el cultivo de un estado de satisfacción pues muchas veces nuestras deslices éticos ocurren porque nos sentimos descontentos o insatisfechos. Para el laico, el entrenamiento en la ética significa aprender a vivir según los cinco preceptos clásicos:

1. Abstener de matar a cualquier ser viviente.
2. Abstener de robar o de tomar lo que no le pertenece.
3. Abstener de conducta sexual dañina.
4. Abstener de mentir.
5. Abstener del uso de alcohol o drogas que conducen al descuido o descontrol.

Los preceptos no tienen el propósito de ser mandamientos divinos como en otras religiones, más bien sirven como pautas o guías que han de ser cultivadas. Se les enseña porque refuerzan las virtudes de la moderación, la satisfacción, la honestidad, la claridad y el respeto por la vida. Podemos progresar más rápidamente hacia una vida sin apegos cuando mantenemos en orden nuestro comportamiento y nuestras relaciones con los demás.

La tradición Theravada aboga por el cultivo de cuatro actitudes correspondientes a un corazón tierno. A estos se les llama las Cuatro Actitudes Inconmensurables o las Actitudes Sublimes(*brahmavihara*): el amor bondadoso, la compasión, el gozo simpatético (el gozo que resulta de sentir y actuar con simpatía por otras personas), y la ecuanimidad. El amor bondadoso es una especie de amigabilidad sin egoísmo, un amor que desea el bienestar y el gozo para uno mismo y para otros. La compasión y el gozo simpatético son expresiones complementarias del amor bondadoso y significan que compartimos el gozo y el sufrimiento de otros sin apegarnos a ellos. La ecuanimidad consiste en mantener una actitud uniforme, firme y balanceada ante las ocurrencias que se nos presenten, especialmente en situaciones en que no tenemos la posibilidad de ayudarnos a nosotros mismos ni a los demás. Los Budista Theravada utilizan estas actitudes como guías para que nos relacionemos de buena manera con otras personas en la vida ordinaria.

Meditación

Una vez que los fundamentos de la generosidad y la ética han sido establecidos, el entrenamiento gradual continúa con el cultivo de las prácticas meditativas. El Budismo Theravada tiene un repertorio amplio de estos, dentro de los cuales están la meditación sentada o con el practicante caminando en silencio, y otras que ayudan a que el meditador permanezca bien consciente durante las actividades rutinarias. Las prácticas de la meditación ordinariamente se dividen en dos categorías: concentración y atención plena.

Las prácticas de la concentración enfatizan el desarrollo de una mente estable, que mantiene un enfoque fijo sobre un solo objeto como el aliento, un mantra (una sílaba, palabra, frase o texto que se recita y repite), una imagen visual, o un tema como el amor bondadoso. Un estado potente de concentración tiene la tendencia a producir estados psicológicos de integración y bienestar que son temporales pero benéficos. El amor bondadoso (*metta* en pali) beneficia a la concentración pues es el antídoto tradicional para todas las formas de aversión y auto-crítica. Además, ayuda a cultivar una actitud de amigabilidad que a su vez puede apoyar otras prácticas que fortalecen la consciencia.

La práctica de la atención plena equivale al cultivo de una consciencia que no se deja llevar por las distracciones. El enfoque de esta consciencia es el desenvolvimiento de los eventos en el momento presente. En las prácticas de la concentración y de la atención plena la consciencia alerta se estabiliza en el presente. Cuando se practica la concentración la consciencia se encauza exclusivamente hacia un solo punto de enfoque. Por contraste, la atención plena desarrolla una consciencia que todo lo abarca, una consciencia que a veces ni elige en qué poner atención. Simplemente percata cualquier cosa que sale a relucir en nuestra experiencia. Es una consciencia abierta que clarifica nuestros sentimientos, nuestros pensamientos, nuestras motivaciones, nuestras actitudes, y las maneras que reaccionamos. Dicha consciencia ayuda a desarrollar la compasión y la ecuanimidad, ambos de los cuales apoyan la liberación.

La práctica de la meditación más prominente en el occidente hoy por hoy por amplio margen es la atención plena. Este en particular se deriva de las enseñanzas del Buda preservadas en una Escritura llamada *El Sutta de los Cuatro*

Fundamentos de la Atención Plena. Los cuatro fundamentos--el cuerpo (que incluye el aliento), los sentimientos, los estados mentales, y los *dhammas* (en el idioma sánscrito se le conoce como *dharmas,* e incluye los procesos psicológicos y las experiencias directas de la realidad que conciernen a una consciencia liberada)--son las cuatros áreas de nuestra experiencia en las cuales se desenvuelve la atención plena.

Sabiduría y Liberación

Una vez establecidos *sila* y *samadhi,* la sabiduría o *pañña* se empieza a desenvolver. La práctica clave para adquirir la sabiduría y la liberación es la atención plena, a veces apoyada por ejercicios de la concentración. La atención plena fomenta en nosotros una base interna de confianza y aceptación que nos ayuda a estar abiertos a cualquier experiencia externa o interna. Aunque la atención plena frecuentemente resulta en un conocimiento más profundo de lo que somos, la puerta que conduce a la liberación no es el conocimiento sino el estado mental abierto y confiado que opera sin resistencias. En el Budismo Theravada esta liberación concluye con la cesación de todos los apegos. Lo maravilloso de la atención plena es que cada momento claro de atención es en sí un momento sin apegos, es un anticipo de la liberación.

A medida que la atención plena madura empezamos a tener ciertas percepciones directas de la realidad que el Buda denominó las tres características de la experiencia: la experiencia es transitoria, la experiencia es insatisfactoria y la experiencia no demuestra la existencia de un ser inmutable.

Todas las cosas son transitorias, incluso la misma experiencia que tenemos de nosotros mismos y del mundo. Siendo que nuestras experiencias siempre están sujetas a cambio, son por naturaleza incapaces de proporcionarnos seguridad o una identidad permanente. Cuando comprendemos que no nos proveen satisfacción duradera nos damos cuenta también que ninguna experiencia que tenemos nos lleva a concluir que existe un ser o un "yo" fijo e independiente—ni nuestros pensamientos, ni nuestros sentimientos, ni la experiencia del cuerpo, ni siquiera la experiencia de la consciencia misma, pues todos estos están en continua evolución.

A veces estas percepciones profundas en cuanto a la naturaleza de la realidad generan el temor y la inseguridad, pero a medida que madura nuestra práctica de la atención plena nos damos cuenta que podemos ser felices sin la necesidad de apegarnos o adherirnos a cosa alguna. Cuando nos acostumbramos a la idea de la transitoriedad empezamos a sentir más confianza y ecuanimidad en la vida. Y cuando crece la confianza, se debilita la necesidad de aferrarnos. A la postre las raíces profundas de nuestros apegos—la codicia, el odio y la ilusión—se van soltando y se abre el mundo de la liberación.

El fruto de esta liberación es, en cierto sentido, el vivir en un mundo sobre el cual ya no proyectamos nuestros apegos, temores, anhelos y aversiones. Empezamos a ver el mundo "tal como es." Si nos liberamos de los apegos con suficiente resolución experimentamos la presencia inmediata y directa de Nirvana que equivale a la experiencia constante e intemporal de la liberación.

El Servicio a los Demás

En cierto sentido el entrenamiento en el camino gradual llega a su punto máximo en la liberación. La liberación es la puerta por la cual fluye la compasión y la sabiduría sin el aferramiento o el egoísmo. Pero si no nos hemos convertido en personas más compasivas, el entrenamiento todavía no concluye. Para algunos, el fruto de la liberación es el deseo de servir a otras personas, de ser personas generosas. El servicio puede ocurrir de muchas maneras, auxiliando a un vecino necesitado, escogiendo una profesión orientada al servicio humanitario, o enseñando el Dharma. Antes de mandar al mundo a sus primeros sesenta discípulos para enseñar el Dharma, el Buda les encomendó lo siguiente:

Amigos, yo estoy liberado de todos las ataduras humanas y espirituales. Y como ustedes también están libres de las mismas, pueden dirigirse al mundo para el bien de los muchos, para la felicidad de los muchos, con compasión por el mundo, y por el beneficio, la bendición y la felicidad de los dioses y de los seres humanos....Demuestren a los demás la vida espiritual, completa y pura en espíritu y forma.

El deseo de servir también puede expresarse de manera más pasiva e indirecta, por ejemplo, viviendo como monje o monja o simplemente dando ejemplo de una vida dedicada a la práctica. El Despertar de por sí es una gran contribución a este mundo, un gran acto de servicio, siendo que en el futuro otras personas nunca estarán sujetas a la codicia, el odio y las ilusiones de aquel que está Despierto. Más bien se podrán beneficiar del calor, el ejemplo y la sabiduría de dichos seres. Por lo tanto, la Liberación nos trae de regreso al sitio donde empezamos nuestro camino. La generosidad fue la primera virtud recomendada en el camino y ahora es el último que se ha de expresar.

Fe

Un elemento clave a cada paso del camino es la fe, un término que a veces incomoda a algunas personas en el mundo occidental. En el Budismo Theravada la fe no significa creer a ciegas. Más bien, quiere decir, confiar en nuestras capacidades, en las enseñanzas y las prácticas de la liberación, y en la comunidad de maestros del pasado y del presente. Es un tipo de fe que nos inspira a verificar por nuestra propia cuenta las posibilidades de experimentar una vida espiritual. Cuando lo comprobamos se genera un deleite y aprecio por las personas y las enseñanzas que apoyan nuestro crecimiento. En la tradición Theravada estos son los *Tres Tesoros*: El Buda, *Dharma* (las enseñanzas) y *Sangha* la comunidad de practicantes.

Uno de los ritos más comunes para los practicantes laicos en el Budismo Theravada consiste en "Tomar Refugio," que significa elegir deliberadamente recibir el apoyo y la inspiración de los "Tres Tesoros." Aunque es un rito rutinario en las ceremonias los retiros y las visitas a los templos, tiene un significado especial cuando por primera vez el practicante se compromete con estos altos ideales. Cuando vinculamos nuestra práctica al Buda, al Dharma y a la Sangha estamos asegurando que nuestra búsqueda espiritual no se limite a las preocupaciones intelectuales, el beneficio terapéutico, o la ambición personal. Tomar refugio solidifica nuestra confianza y respeto por la tradición Budista por medio del cual puede fomentarse la atención plena y la sabiduría auténtica.

El Budismo Theravada y la Vida Diaria

El Budismo Theravada distingue entre el camino de la liberación y el camino del bienestar terrenal. Estos dos son más o menos equivalentes a la distinción que hacemos en el mundo occidental entre las preocupaciones espirituales y las preocupaciones seculares. Los términos equivalentes en el pali son el camino supremo (*lokuttara-magga*) y el camino mundano o terrenal (*lokiya-magga*). No existe una separación absoluta, y los maestros varían en cuanto al grado de distinción y similaridad que ven entre ellos. Aun cuando un maestro mantiene que los dos son bien distintos, se considera que el camino espiritual y el secular se apoyan mutuamente.

Al camino de la liberación le concierne la vida desinteresada y el *nirvana*, elementos que de por si no corresponden a las costumbres, la substancia y las condiciones de este mundo. El camino del bienestar terrenal se preocupa por cómo el practicante logra una mejor vida en el ámbito personal, familiar, social, económico y político.

Tradicionalmente, se entiende que la meditación *Vipassana* tiene que ver con el camino de la liberación. Por lo tanto, muchas personas en el mundo occidental dedicados a la práctica espiritual no han aprendido mucho sobre las prácticas y las enseñanzas Theravada encaminadas a lograr el bienestar terrenal. Es necesario estudiar lo que dice la tradición en cuanto a ambos caminos para apreciar la vitalidad religiosa Theravada en su totalidad. Es especialmente importante para aquellos que se esfuerzan por integrar la práctica *Vipassana* a su vida rutinaria.

En varios *suttas* de amplia difusión en países Budistas el Buda explica cómo vivir vidas para bien en este mundo. El texto religioso *Sigalaka Sutta* especifica las responsabilidades en la sociedad y la familia de los padres, hijos, esposos, maestros, amigos, empleadores y empleados, monjes y laicos. Uno de las enseñanzas preciosas y exigentes que contiene este texto tiene que ver con cómo ganarse la vida sin producir daño:

Los sabios bien entrenados y disciplinados brillan como un faro. Se ganan el dinero igual que una abeja acumula la miel, sin causarle daño a la flor. Y permiten que se multiplique igual que un hormiguero va creciendo con lentitud. Después de adquirir sus riquezas con sabiduría lo utilizan para el beneficio de todos.

A lo largo de los siglos, el Budismo Theravada se ha expresado en muchas oportunidades sobre temas políticos. Muchos reyes del Sudeste Asiático han intentado orientar su régimen según las diez virtudes y obligaciones para líderes políticos enumeradas en la tradición: generosidad, conducta ética, sacrificio, honestidad, gentileza, amor bondadoso, no-violencia, paciencia y conformidad con el *Dharma*. Aunque algunos han seguido el camino de la liberación al margen de los asuntos socio-políticos las enseñanzas del Budismo Theravada no ignoran los problemas de la sociedad. Existe una larga tradición de monjes y laicos involucrados en asuntos políticos y sociales como la educación, la salud, las obras públicas, y más recientemente la protección del medio ambiente.

Con el fin de cimentar los vínculos comunitarios la tradición Theravada celebra diferentes ceremonias y festivales. También se cumplen una serie de ritos diseñados para marcar y simbolizar las transiciones importantes en la vida personal. Aunque los monjes no siempre presiden sobre ellas las comunidades en países donde predomina la religión Theravada tienen ritos, prácticas y celebraciones de nacimiento, matrimonio, y de fallecimiento y aun para celebrar la llegada de la tercera edad cuando una persona cumple los sesenta años.

Estudiantes y Maestros

El Budismo Theravada enseña que la amistad es un punto de apoyo inestimable para la vida espiritual. En particular se estimula la amistad espiritual entre los practicantes y entre los practicantes y sus maestros. Un título común para un maestro es *kalyana-mitta* que significa un "buen amigo espiritual." Aunque los maestros pueden instruir, identificar nuestras aversiones y apegos, abrir nuevas perspectivas y proveer ánimo e inspiración, su papel siempre es limitado pues cada uno tiene que andar por el camino espiritual a su manera. En el Budismo el maestro no es una persona ante el cual renunciamos nuestro sentido común o nuestra propia responsabilidad. Tampoco se espera que los estudiantes se dediquen a un solo maestro. Es común que los practicantes pasen tiempo con diferentes maestros, aprovechando las cualidades importantes de cada uno.

La Vida Monástica

Una de las piedras fundamentales del Budismo Theravada es la comunidad de monjes y monjas. Durante gran parte de los últimos dos mil años estas comunidades se han dedicado a salvaguardar las enseñanzas del Buda y a dar ejemplo de vidas consagradas a la liberación. Al monacato muchas veces se le considera el mejor estilo de vida para el estudio, la práctica, el servicio y la purificación del corazón. Aunque la vida de un monje Budista no es lo mismo que la de un asceta, pues el Buda rechazó el ascetismo, si es una vida diseñada para la simplicidad, con posesiones materiales mínimas y pocos enredos con el mundo. Como tal, provee un ejemplo importante de una existencia sencilla, no-posesiva, no-dañina, virtuosa, humilde y satisfecha.

Como no se les permite comprar, cocinar o almacenar su comida los monjes dependen de las donaciones diarias de los laicos. Por lo tanto no pueden vivir aislados de la sociedad. Más bien mantienen una relación diaria con los que los apoyan. A menudo esta es una relación recíproca, los laicos apoyan a los monjes y los monjes apoyan a los laicos proveyendo enseñanzas, servicio social, orientación espiritual, e inspiración.

Retiros Espirituales

La práctica Theravada con mayor acogida en Estados Unidos es la atención plena. Fue introducido por jóvenes norteamericanos que habían estudiado en el Sudeste Asiático, y es una de las pocas prácticas de meditación Budista que ha ganado auge en base a la enseñanza de maestros norteamericanos en vez de monjes asiáticos. Maestros como Joseph Goldstein, Jack Kornfield, y Sharon Salzberg (fundadores del Insight Meditation Society) simplificaron la práctica con la intención de ofrecer enseñanzas accesibles al público occidental, sin perder su profundidad original pero separadas de algunos aspectos del contexto cultural del Budismo Theravada. Jack Kornfield lo expresó de esta manera: "Nosotros queríamos ofrecer las prácticas poderosas de la meditación del conocimiento directo (insight), como nuestros maestros lo habían hecho, lo más simple posible, sin las complicaciones de los ritos, la vestidura ceremonial, los rezos y toda la tradición religiosa."

Una de las prácticas *Vipassana* más importantes es el de los retiros intensivos de meditación que duran entre un día y tres meses. Los retiros casi siempre ocurren en silencio a excepción de las instrucciones que se dictan a los practicantes, entrevistas entre practicantes y maestros, y una plática diaria o "enseñanza del Dharma" que se ofrece a toda la comunidad. Un día típico comienza más o menos a las 5:30 a.m. y termina a eso de las 9:30 p.m. El programa diario consiste en alternar entre la meditación sentada y la meditación caminando, y otro periodo de meditación que acompaña a ciertos quehaceres que cumplen los practicantes en el centro Esta actividad meditativa continua apoya el cultivo de la atención plena en el transcurso del día.

Aunque los estudiantes norteamericanos de *Vipassana* son en su gran mayoría laicos, estos retiros les permiten practicar con el apoyo, la sencillez y el enfoque que casi siempre ocurre en la vida monástica. En cierto sentido estos retiros ofrecen los beneficios de un monacato temporal. La alternación entre los retiros intensivos y la práctica en el mundo es una característica que se empieza a ver más a menudo en el movimiento *Vipassana* en Estados Unidos. Quizá nuestra forma de practicar como laicos en el occidente, con retiros que cultivan la sencillez, se asemeja hasta cierto punto a la vida de los monjes del bosque de la tradición Theravada. Dicha sencillez no solo apoya el cultivo íntimo de la atención plena sino que facilita el descubrimiento de la sencillez que es parte de la libertad.

APÉNDICE II:
EL CENTRO DE MEDITACIÓN THERAVADA DEL MEDIO DE LA PENÍNSULA DE SAN FRANCISCO

Misión

El Centro de Meditación Theravada ubicada en la Península de San Francisco (Insight Meditation Center of the Mid-Peninsula) o IMC, se dedica al estudio y la práctica de los ideales Budistas: la atención plena, la ética, la compasión, el amor-bondadoso y la liberación. El corazón del IMC es la práctica de meditación del conocimiento directo (insight meditation), que a veces se le llama meditación de la atención plena o meditación *Vipassana*. Basada en 2500 años de enseñanzas Budistas, esta práctica nos ayuda a ver nuestras vidas con más profundidad y claridad. Con el conocimiento directo, aprendemos a desarrollar formas de vida más pacíficas, compasivas y sabias.

La práctica constante es el fundamento de la meditación *Vipassana*: la meditación diaria, la atención plena en todas nuestras actividades y la compasión con los demás bajo cualquier circunstancia. La tradición Budista también enfatiza los retiros intensivos de meditación de un día o más. La intención de IMC es que los estudiantes estén enraizados tanto en la meditación como en los retiros. Desde esta base contemplativa buscamos apoyar a los practicantes en sus esfuerzos por aplicar la vida espiritual a todas las dimensiones de su existencia.

Visión

La visión de IMC es ser un centro comunitario donde las prácticas y las enseñanzas de la meditación *Vipassana* estén a la disposición de los residentes de nuestra urbe. IMC tiene seis objetivos:

1) Proveer un ambiente simple y silencioso donde el cual se puede desarrollar y proteger la vida contemplativa en medio de las complicaciones de una vida metropolitana.

2) Ofrecer enseñanzas y oportunidades para la práctica que complementen la meditación *Vipassana* y que apoyen la vida espiritual balanceada desde la perspectiva Budista.

3) Ser un lugar donde la gente puede reunirse para cultivar y expresar la práctica en y por medio de su vida familiar, social y comunitaria.

4) Invitar a maestros Budistas que expongan a la comunidad y al público en general prácticas y perspectivas de diferentes tradiciones.

5) Establecer un centro urbano con un programa variado de retiros.

6) Ofrecer todas las actividades, incluso los retiros residenciales, sin costo alguno.

Con el fin de llevar a cabo esta visión IMC auspicia sesiones de meditación, clases, grupos de discusión, pláticas-Dharma(charlas sobre las enseñanzas y las prácticas Budistas), y citas individuales con los maestros. Se ofrecen también retiros espirituales para el estudio y la meditación de uno o dos días y retiros intensivos de larga duración en centros Budistas cercanos, y en nuestro propio centro de retiros recién adquirido en el año 2011.

Historia

IMC empezó en 1986 como un grupo pequeño de practicantes de la meditación sentada afiliada con el Spirit Rock Meditation Center. Fue organizado por Howard e Ingrid Nudelman y se reunía en diferentes locales en las ciudades de Menlo Park y Palo Alto, California. Durante los primeros dos años Howard Cohen, un maestro de Spirit Rock Center (un reconocido centro Budista en Estados Unidos), viajaba desde San Francisco para dirigir las reuniones.

En 1990, Howard Nudelman invitó a Gil Fronsdal que sirviera como maestro titular de las reuniones nocturnas de los Lunes. En ese entonces Gil cursaba en el programa de entrenamiento para maestros en Spirit Rock dirigido por Jack Kornfield. Gil también estaba haciendo su doctorado en Estudios Budistas en la Universidad de Stanford. Por lo tanto, liderar un grupo de meditación era un paso natural en el camino para ser maestro. En 1991 el fundador Howard Nudelman falleció tristemente, abatido por el cáncer.

Ya para Septiembre de 1993, el grupo superaba las 40 personas, y como se necesitaba un local más amplio para las reuniones, nos movimos al Friends Meeting House sobre la calle Colorado en Palo Alto.

Como consecuencia del aumento de la asistencia, empezamos a expandir nuestros programas. Retiros de todo un día, clases introductorias de meditación y charlas sobre el amor bondadoso y los suttas fueron ofrecidos en varios locales. Agregamos una reunión nocturna especial para los practicantes nuevos en 1994, un programa mensual para niños en 1996, y un programa dominical matutino en Portola Valley en 1999. Terry Lesser empezó a ofrecer una clase de yoga antes de la sesión de meditación nocturna de los lunes en el Friends Meeting House en 1997.

En 1996, Gil y un grupo de estudiantes Dharma del Área de la Bahía de San Francisco fundaron el Sati Center for Buddhist Studies (Centro Sati de Estudios Budistas). Este grupo combina la investigación intelectual con la práctica de la meditación. El Centro Sati ha patrocinado muchos seminarios en IMC con la participación de un sinnúmero de eruditos, maestros y monjes destacados. En 2001, en parte como respuesta a los eventos terribles de 9/11, Gil estableció el Buddhist Chaplaincy Training Program (Programa de Entrenamiento para Capellanes Budistas) por medio del Sati Center. Hoy en día los capellanes proveen un magnífico servicio a muchos individuos con problemas de salud o a personas que pasan por la última etapa de sus vidas.

Aunque IMC florecía durante la década de los 90, era un factor restrictivo e incómodo tratar de acomodar a todas las personas y los programas en diferentes salones alquilados. Incluso, algunos estudiantes les tocaba reunirse con el maestro Gil en los parques o tomando un café en el Café Verona de Palo Alto.

En el otoño de 1995 decidimos incorporarnos y empezamos a buscar un edificio apropiado para nuestras necesidades. IMC se incorporó legalmente como una organización religiosa sin ánimo de lucro en 1997. En 1998 llevamos a cabo una elegante cena para recaudar fondos con todos los miembros de la *sangha* en la Iglesia Episcopal St. Mark's. Por ese entonces hallamos nuestra primera propiedad en potencia, la antigua iglesia AME Zion en Palo Alto. Aunque este edificio no resultó, sirvió como aliciente para recaudar más fondos. Como resultado, la junta directiva de IMC estableció una estructura organizativa para facilitar y administrar un centro propio.

A principios del 2001, IMC conoció a un ministro de una Iglesia Cristiana (First Christian Assembly Church) en Redwood City. Entablamos una relación afectuosa con este pastor. Dicha iglesia, cuyo templo fue construido en 1950, también tenía una tradición de meditación silenciosa, y el ministro estaba muy complacido con el hecho de que compartíamos estas prácticas. En noviembre del 2001 IMC compró el templo por un precio generoso. Luego, a base del entusiasmo y el esfuerzo arduo de muchos voluntarios, convertimos el edificio en un centro de meditación. La ceremonia inaugural se efectuó el 13 de enero del año 2002 con la asistencia de muchos miembros de centros Budistas del Área de San Francisco y con la distribución del libro de Gil Fronsdal *The Issue at Hand*. Debido a las contribuciones de los miembros de IMC la hipoteca se terminó de pagar en el año 2005.

Así como lo habíamos anticipado, el tener plantel propio generó una multitud de programas. En el presente tenemos reuniones de meditación sentada cuatro veces por semana, clases sobre la meditación o las enseñanzas Budistas casi todas las noches de la semana, una diversidad de programas diurnos, retiros de todo un día de manera regular, un programa de estudios del *dharma* de todo un año, ponencias de parte de maestros visitantes y de monjes, y muchos otros eventos especiales. El grupo denominado Amigos-Dharma patrocina eventos sociales que ayudan a crear mayor sentimiento de comunidad y amistad en IMC. Empezamos a poner en línea las pláticas sobre el dharma que habían sido grabadas desde el año 2000. A través del "Audiodharma" que se puede encontrar en nuestra página de internet insightmeditationcenter.org, hemos creado una especie de "cibersangha" que se extiende a más de 80 países, y que recibe cientos de miles de descargas anuales.

Casi desde su comienzo, los retiros han sido uno de los programas importantes que ofrece IMC. Hemos auspiciado retiros de un día cada mes desde 1991, primero en la Iglesia Unitaria de Palo Alto y luego en la Iglesia Episcopal St. Mark's. IMC auspició su primer retiro residencial de todo un fin de semana en 1994 en el Jikoji Zen Center en las montañas de Santa Cruz. Al transcurrir de los años hemos agregado otros fines de semana en Jikoji y retiros más largos en Hidden Villa en Los Altos Hills. En el año 2003 decidimos como acto de fe y generosidad ofrecer los retiros residenciales a las personas interesadas a base de donaciones voluntarias, sin exigencia de cuota alguna, al igual que todos los otros programas que ofrecemos en IMC. Esta continúa siendo nuestra política y nuestro compromiso con la comunidad.

Nuevo Centro de Retiros

En el año 2004 nuestro maestro Gil Fronsdal compartió su visión de establecer un centro de retiros urbano donde pudiésemos ofrecer una gama amplia de retiros en base a donativos. Empezamos a recaudar fondos en el 2006, basándonos en una contribución considerable de uno de los miembros de nuestra Sangha. La posibilidad de un centro nuevo sirvió para impulsar cambios en nuestra organización. Desde el 2007 la Junta Directiva supervisa un equipo de cinco directores voluntarios que tienen bajo su cargo a más de 140 voluntarios en diferentes actividades. La práctica generosa y servicial de estos voluntarios hace posible el funcionamiento y el mantenimiento diario de IMC.

Después de cinco años de búsqueda, IMC compró una antigua residencia de ancianos que se encuentra en una hermosa propiedad ajardinada de 2.8 acres en un sector semi-rural de Scotts Valley a 50 minutos de distancia de nuestro centro. Se han hecho planes para renovar la propiedad de tal manera que acomode a 40 participantes en retiros de duración diversa. El Centro de Retiros ofrecerá una oportunidad para que los ejercitantes dediquen periodos prolongados a la práctica de la meditación intensiva en un ambiente acogedor.

METTA SUTTA

Para alcanzar el estado de paz
Alguien diestro en el bien
Debe de ser capaz y recto,
Honesto y abierto a la conversación,
Suave y sin orgullo,
Satisfecho y sin vida de lujos,
Con pocas ocupaciones y compromisos,
Sabio, con los sentidos controlados,
Sin arrogancia ni codicia por tener muchos seguidores,
Sin falta mínima que sea objeto de censura por los sabios.

(Debemos meditar sobre lo siguiente:)
"Que todos los seres sean felices;
Que vivan seguros y gozosos.
Todos los seres vivientes, débiles o fuertes,
Altos, corpulentos, medianos o cortos,
Conocidos o desconocidos,
Cercanos o distantes,
Nacidos o por nacer,
Que todos sean felices.
Que nadie engañe a otros seres
Ni que desprecie a otra persona en ningún lugar;
Que nadie debido al enojo o la mala intención
Desee el sufrimiento a los demás."

Así como una madre pondría en riesgo su propia vida
Para proteger a su hijo, su hijo único,
De igual manera debemos cultivar un corazón sin límites
Hacia todos los seres.
Con amor-bondadoso dirigido hacia todo el mundo
Debemos cultivar un corazón ilimitado,
Arriba, abajo y por todas partes
Sin obstrucción, sin odio, sin mala voluntad.
Parados o caminando, sentados o acostados
Cualquier momento que estemos despiertos
Permanezcamos resolutos en esta meditación.
A esto se le llama una manera hermosa de vivir en el presente.

Un ser virtuoso, dotado de visión,
No sujeto a opiniones,
Habiendo superado las ansias por los placeres sensuales,
Nunca volverá a renacer.

DONACIONES (DANA)

Este libro está disponible en nuestro sitio web
www.insightmeditationcenter.org como un solo documento en formato PDF y en capítulos individuales.

El Centro de Meditación del Medio de la Península de San Francisco (Insight Meditation Center) está comprometido con la tradición Budista de ofrecer gratuitamente todas las enseñanzas del Buda a base de donaciones voluntarias. La generosidad de la comunidad apoya a nuestros maestros y solventa los gastos del Centro.

Si vives en los Estados Unidos y deseas apoyar al Centro con una contribución deducible de impuestos, favor mandarla al siguiente:

> Insight Meditation Center
> 108 Birch Street
> Redwood City, California 94062

También se pueden hacer donaciones por medio del sitio web: www.insightmeditationcenter.org.

El regalo del dhamma es más excelente que cualquier otro regalo. Dhammapada

Si quieres escuchar las pláticas-dharma de Gil Fronsdal y de otros maestros invitados al centro IMC están disponibles en línea o para descargar entrando a www.audiodharma.org.

Made in the USA
Middletown, DE
18 May 2022